Mikado

Unser Liederbuch für die Grundschule

von
Bärbel Becker, Uli Führe, Josef Held, Irmgard Merkt,
Herby Neumann und Marianne Steffen-Wittek

Illustration
Imke Sönnichsen

Ernst Klett Grundschulverlag
Leipzig Stuttgart Düsseldorf

Inhalt

T – Text
K – Kanon
● – Hörbeispiel
❍ – Playback

Jetzt geht's los

Ich und du

Gut in Form

Von Kopf bis Fuß

Hell und dunkel

Weihnachtsfreude

Jetzt ist Schluss

Jetzt geht's los

Jetzt geht's los

Text und Melodie: Uli Führe

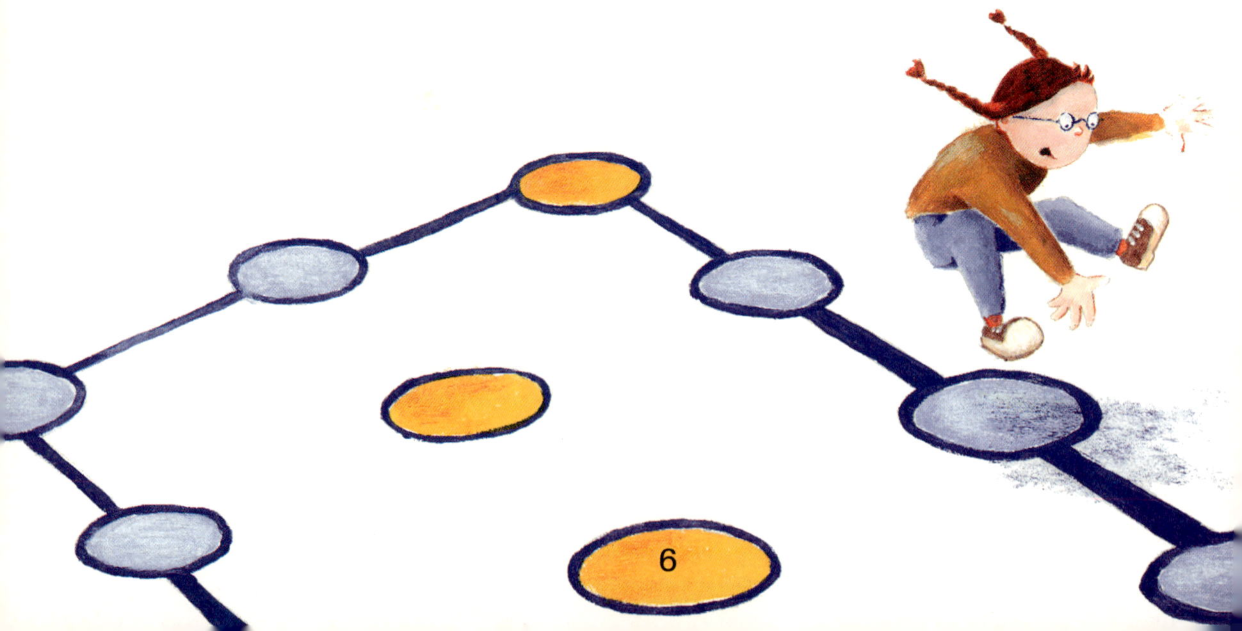

Ach, wie bin ich müde

Text: Lore Kleikamp
Melodie: Detlev Jöcker © Menschenkinder

Wir begrüßen euch alle

Text und Melodie: Herby Neumann

Begleitung

Wir fangen an

Strophe 1 und Melodie: mündlich überliefert
Strophe 2–4: Susanne Peter-Führe © Herder

2. Wir fangen an, wir fangen an,
wir fangen an und
klatschen in die Hände,
la lala la lala la la la.

3. Wir fangen an, wir fangen an,
wir fangen an und
stampfen mit den Füßen,
la lala la lala la la la.

4. Wir fangen an, wir fangen an,
wir fangen an und
tanzen durcheinander,
la lala la lala la la la.

Guten Morgen

Textfassung: Peter Fuchs / Willi Gundlach
Melodie: aus England © Klett

Hej, hello

Text und Melodie: mündlich überliefert

Meister Jakob

Text und Melodie: mündlich überliefert

Französisch:
Frère Jaques,
dormez-vous?
Sonnez les matines,
ding, dong, dong.

Englisch:
Are you sleeping,
Brother John?
Morning bells are ringing,
ding, dang, dong.

Holländisch:
Vader Jakob
slaapt gij nog?
Alle klokken luiden
bim, bam, bom.

Türkisch:
Yakup usta,
haydi kalk,
saatine bir bak,
bom, bom, bom.

Polnisch:
Panie Janie,
rano wstan.
Wszystkie dzwony biją,
bim, bam, bom.

So treiben wir den Winter aus

Text und Melodie:
aus dem 16. Jh.

2. Wir stürzen ihn von Berg zu Tal
damit er sich zu Tode fall,
wir jagen ihn über die Heiden,
dass er den Tod muss leiden.

3. Nun haben den Winter wir ausgetrieben,
so bringen wir den Sommer herwieder,
den Sommer und den Maien,
die Blümlein mancherleien.

Begleitung

Der Winter ist vorüber

Text und Melodie: aus der Schweiz
dt. Textfassung: Lieselotte Holzmeister © Fidula

2. Da droben in den Bergen
sind Eis und Schnee getaut,
im Walde sucht der Kuckuck
ein Nest, das schon gebaut.
Kuckuck, Kuckuck,
sind Schnee und Eis getaut,
im Walde sucht der Kuckuck
ein Nest, das schon gebaut.

2. Lassù per le montagne,
la neve non c'è più,
comincia a far il nido
il povero cucù.
Cucù, cucù,
la neve non c'e più,
comincia a far il nido
il povero cucù.

Nun scheint die Sonne

Textfassung: Barbara Heuschober
Melodie: aus Norwegen © Heuschober

2. Ach, armer Schneemann,
was wird aus dir?
„Lauter Wasser, lauter Wasser!
Von Hals und Nase schon
rinnt es hier
immer nasser, immer nasser!“
Die Zeit vergeht,
kommt der Frühling her;
die Lerche singt:
„Hier ist kein Schneemann mehr,
lauter Wasser, lauter Wasser.“

3. Die Schwalbe ruft:
„Er ist nicht mehr dort
vor dem Walde, vor dem Walde!“
Der Rabe schreit:
„Er ist endlich fort
vor dem Walde, vor dem Walde!“
Der Bach, der fließt
durch das helle Land,
die Blumen blühen,
wo der Schneemann stand,
vor dem Walde, vor dem Walde.

Alle Vögel sind schon da

Text: H. Hoffmann von Fallersleben
Melodie: mündlich überliefert

2. Wie sie alle lustig sind,
flink und froh sich regen!
Amsel, Drossel, Fink und Star
und die ganze Vogelschar
wünschen uns ein frohes Jahr,
lauter Heil und Segen.

3. Was sie uns verkünden nun,
nehmen wir zu Herzen:
Wir auch wollen lustig sein,
lustig wie die Vögelein,
hier und dort, feldaus, feldein,
singen, springen, scherzen.

Es tönen die Lieder

Text und Melodie: mündlich überliefert

Sonne im Mai

Textfassung: Kurt Sydow
Melodie: aus England © Bärenreiter

Heute kam ein Sommerbote

Text und Melodie:
Hans-Jürgen Bareiss © Bosse

Ich und du

Leben, einzeln und frei

Text: Nâzım Hikmet
Melodie: Irmgard Merkt © Klett

Begleitung

Das türkische Gedicht kann
zur Musik gesprochen werden:

Yaşamak
bir ağaç gibi,
tek ve hür
ve bir orman gibi,
kardeşçesine
bu hasret bizim.

Shalom chaverim

Text und Melodie: aus Israel
Satz: Irmgard Merkt © Klett

Ich mag dich so

Text: Rolf Krenzer, Melodie: Walter Vahrenkamp

2. Ich mag dich so, ich mag dich so,
ich mag dich so gut leiden.
Ich stell mich einfach neben dich.
Wie wär's denn mit uns beiden?

3. Ich mag dich so, ich mag dich so,
ich mag dich so gut leiden.
Ich geb dir einfach meine Hand.
Wie wär's denn mit uns beiden?

4. Ich mag dich so, ich mag dich so,
ich mag dich so gut leiden.
Ich lege meinen Arm um dich.
Wie wär's denn mit uns beiden?

5. Ich mag dich so, ich mag dich so,
ich mag dich so gut leiden.
Ich tanze rundherum mit dir.
Wie wär's denn mit uns beiden?

Ich schenk dir einen Regenbogen

Text und Melodie:
Dorothée Kreusch-Jacob © Patmos

2. Ich schenk dir hundert Seifenblasen,
sie spiegeln mein Gesicht.
Ich wünsch dir was!
Was ist denn das?
Nein – ich verrat's dir nicht!

3. Ich schenk dir eine weiße Wolke
hoch am Himmel dort.
Ich wünsch dir was!
Was ist denn das?
Es ist ein Zauberwort.

4. Ich schenk dir einen Kieselstein,
den ich am Wege fand.
Ich wünsch dir was!
Was ist denn das?
Ich schreib's in deine Hand.

5. Ich schenk dir einen Luftballon,
er schwebt ganz leicht empor.
Ich wünsch dir was!
Was ist denn das?
Ich sag's dir leis ins Ohr!

6. Ich schenke dir ein Kuchenherz,
drauf steht: „Ich mag dich so!"
Ich wünsch dir was!
Was ist denn das?
Jetzt weißt du's sowieso!

Happy birthday to you

Text: Patti Smith-Hill, Melodie: Mildred J. Hill
dt. Textfassung: Egon L. Frauenberger © Intersong

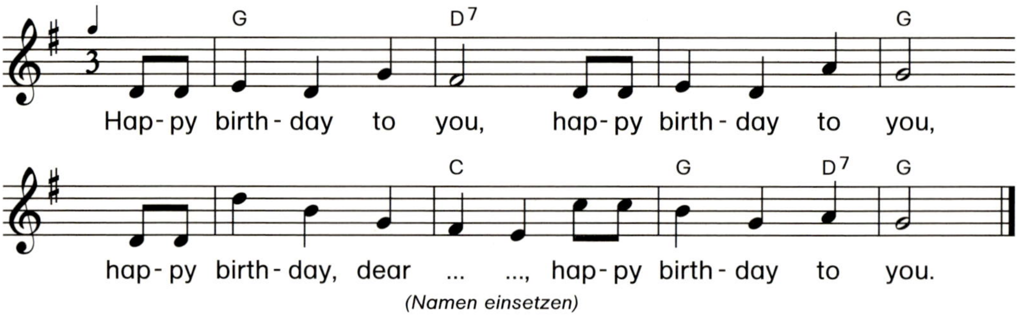

Deutsch:
Zum Geburtstag viel Glück,
zum Geburtstag viel Glück,
zum Geburtstag, liebe(r) ...,
zum Geburtstag viel Glück!

Italienisch:
Tanti auguri a te,
tanti auguri a te,
tanti auguri felici,
tanti auguri a te.

Türkisch:
Iyi ki doğdun ...
Iyi ki doğdun ...
Iyi ki doğdun, iyi ki doğdun,
iyi ki doğdun ...

Spanisch:
Cumpleaños feliz,
cumpleaños feliz,
te deseo cumpleaños,
cumpleaños feliz.

Portugiesisch:
Parabéns a você,
nesta data querida.
Muitas felicidades,
muitos anos de vida.

Wir kommen all und gratulieren

Text und Melodie:
Moritz Hauptmann

Viel Glück und viel Segen

Text und Melodie: Werner Gneist © Bärenreiter

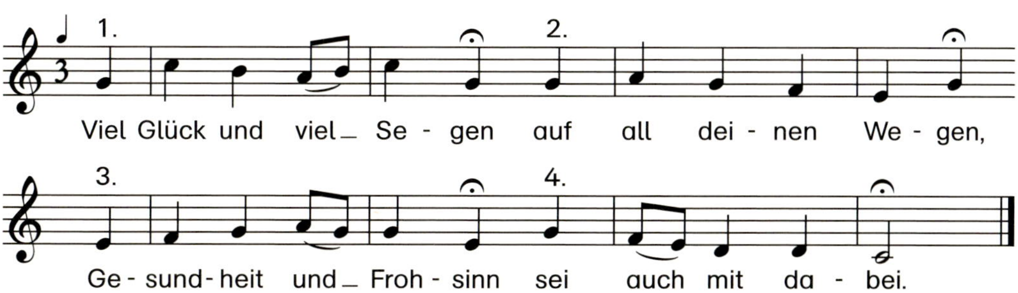

Brüderchen, komm tanz mit mir

Text und Melodie:
mündlich überliefert

2. Mit den Füßchen trab, trab, trab!
Mit den Händen klapp, klapp, klapp!
Einmal hin ...

3. Mit dem Köpfchen nick, nick, nick!
Mit dem Fingerchen tik, tik, tik!
Einmal hin ...

Nun stell nach hier

Textfassung:
Hiltraud Reckmann
Melodie: aus Brasilien © Fidula

Telli turnam

Text und Melodie: aus der Türkei
dt. Textfassung: Irmgard Merkt © Klett

2. Telli turnam,
telli turnam
göle insene.

3. ... kanat çırpsana.

4. ... kanat gersene.

5. ... şöyle dönsene.

6. ... çayır yolsana.

7. ... gölden kalksana.

8. ... gölden gitsene.

2. Schöner Kranich,
schöner Kranich,
lande auf dem See.

3. ... schüttle deine Federn.

4. ... schlage mit den Flügeln.

5. ... drehe dich im Kreis.

6. ... picke das Gras von der Wiese.

7. ... breite die Flügel aus.

8. ... fliege weg vom See.

Der Katzentatzentanz

Text und Melodie: Fredrik Vahle

gesprochen:
Doch der Igel neigt sich vor, sagt der Katze was ins Ohr.

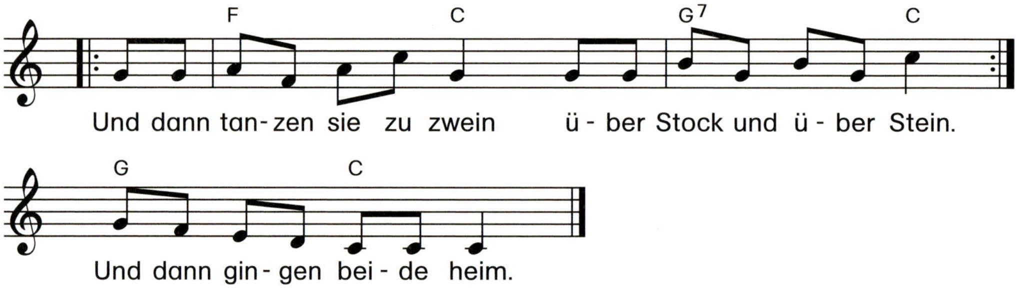

2. Guck, die Katze tanzt allein, tanzt und tanzt auf einem Bein.
Kam der Hase zu der Katze: Bitte reich mir deine Tatze!
Mit dem Hasen tanz ich nicht. Ist mir viel zu zappelig.

gesprochen:
Doch der Hase neigt sich vor, sagt der Katze was ins Ohr.

Und dann tanzen sie zu zwein über Stock und über Stein.
Und dann gingen beide heim.

3. Guck, die Katze tanzt allein, tanzt und tanzt auf einem Bein.
Kam der Hamster zu der Katze: Bitte reich mir deine Tatze!
Mit dem Hamster tanz ich nicht. Ist mir viel zu pummelig.

gesprochen:
Doch der Hamster neigt sich vor, sagt der Katze was ins Ohr.

Und dann tanzen sie zu zwein über Stock und über Stein.
Und dann gingen beide heim.

4. Guck, die Katze tanzt allein, tanzt und tanzt auf einem Bein.
Kam der Hofhund zu der Katze: Bitte reich mir deine Tatze!
Mit dem Hofhund tanz ich nicht, denn der bellt so fürchterlich!

gesprochen:
Doch der Hofhund neigt sich vor, sagt der Katze was ins Ohr.

Und dann tanzen sie zu zwein über Stock und über Stein.
Und dann gingen beide heim.

5. Guck, die Katze tanzt allein, tanzt und tanzt auf einem Bein.
Kam der Kater zu der Katze. Leckte ihr ganz lieb die Tatze.
Streichelt sie und küsst sie sacht, und schon hat sie mitgemacht.

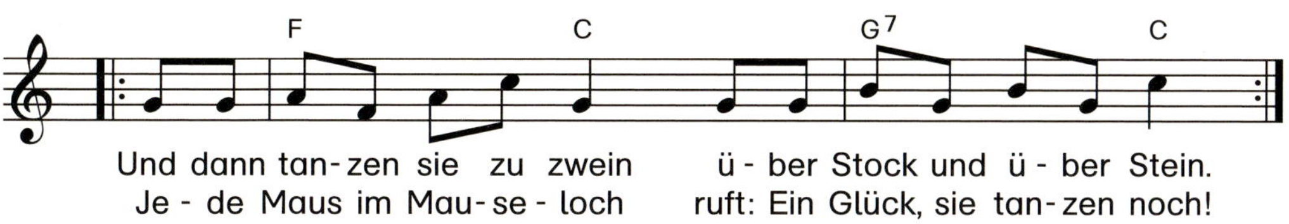

In Paule Puhmanns Paddelboot

Text und Melodie: Fredrik Vahle

2. In Portugal, da winkte uns
die Anabela zu.
Die fragte: „Darf ich mit euch mit?“
„Na klar, was denkst denn du!“
Bom dia, adeus!
Guten Tag, auf Wiedersehn!

3. In Spanien war es furchtbar heiß,
da stieg der Pedro zu.
Der brachte Apfelsinen mit,
die aßen wir im Nu.
Buenos dias, hasta la vista!
Guten Tag, auf Wiedersehn!

4. Und in Italien war’n wir auch,
da kam die Marinella.
Die brachte Tintenfische mit
auf einem großen Teller.
Buon giorno, arrivederci!
Guten Tag, auf Wiedersehn!

5. Als wir in Jugoslawien war’n,
kam einer angeschwommen,
und der hieß Janko Jezovšek.
Wir hab’n ihn mitgenommen.
Dobar dan, dovi dschenja!
Guten Tag, auf Wiedersehn!

6. Und rund um den Olivenbaum
da tanzten wir im Sand.
Wir nahmen den Wasili mit,
das war in Griechenland.
Kalimera, jassu, jassu!
Guten Tag, auf Wiedersehn!

7. Dann fuhr’n wir weiter übers Meer
bis hin in die Türkei.
Von da an war’n auch Ahmet und
die Ayşe mit dabei.
Merhaba, güle, güle!
Guten Tag, auf Wiedersehn!

8. Und auch in Frankreich waren wir,
da kam zu uns der Jean,
der brachte guten Käse mit
und duftende Croissants.
Bon jour, au revoir!
Guten Tag, auf Wiedersehn!

9. Und als wir dann in Moskau war'n,
da stand Natascha da,
die wärmte uns mit heißem Tee
aus ihrem Samowar.
Sdrastwuitje, doswidanja!
Guten Tag, auf Wiedersehn!

10. Und als wir dann nach Hamburg kamen,
stand Paule Puhmann da
und rief: „Verflixt und zugenäht!
Mein Paddelboot ist da!"
Bom dia, adeus!
Buenos dias, hasta la vista!
Buon giorno, arrivederci!
Kalimera, jassu, jassu!
Merhaba, güle, güle!
Bon jour, au revoir!
Sdrastwuitje, doswidanja!
Guten Tag, auf Wiedersehn!

Tsche tsche kule

Text und Melodie: aus Ghana

Du bist mein Spiegel

Text und Melodie: Margarete Jehn / Wolfgang Jehn

Es saß ein klein wild Vögelein

Text und Melodie:
mündlich überliefert

2. „O sing mir doch, o sing mir doch,
du kleines wildes Vöglein!
𝄆 Ich will um deine Federchen
dir Gold und Seide winden.“ 𝄇

3. „Behalt dein Gold und deine Seid!
Ich will dir nimmer singen.
𝄆 Ich bin ein klein wild Vögelein,
und niemand kann mich zwingen.“ 𝄇

Dat du min Leevsten büst

Text und Melodie:
aus Norddeutschland

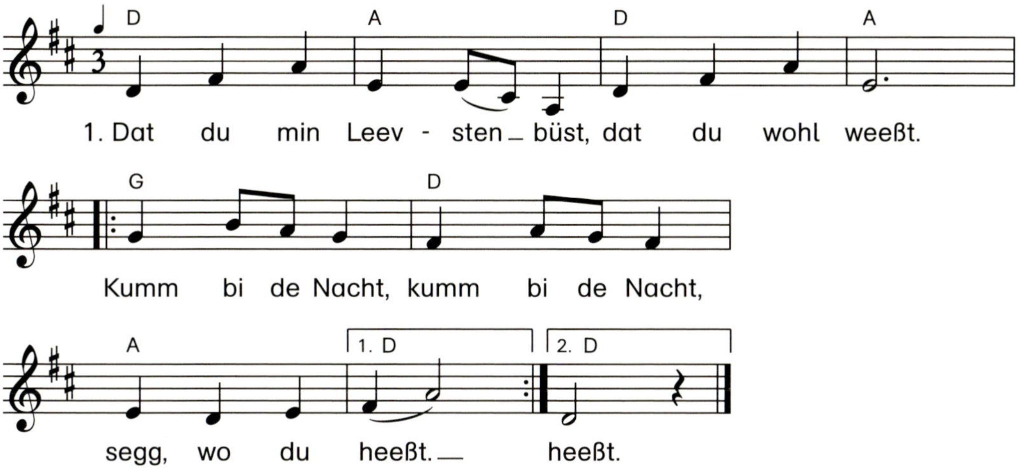

2. Kumm du um Mitternacht,
kumm du Klock een.
Vader slöppt, Moder slöppt,
ich slap alleen.

3. Klopp an de Kammerdör,
fat an de Klink.
Vader meent, Moder meent,
dat deit de Wind.

Nach dieser Erde

deutsche Textfassung: Gerd Kern
Melodie: Don McLean © MCA

Spanisch:
Tras esta tierra no hebra otra
para formar un buen hogar.
Por eso ciudadla, amadla para gozar.
Para quién seria un valor, volando sola al sol.

Türkisch:
Varmıdır dünyadan başka bir yer
Insana yaşam bağşeden?
Ey insanlar koruyun artık şu dünyayı
Cansız dönüp dursa dünya, neye yarar uzayda.

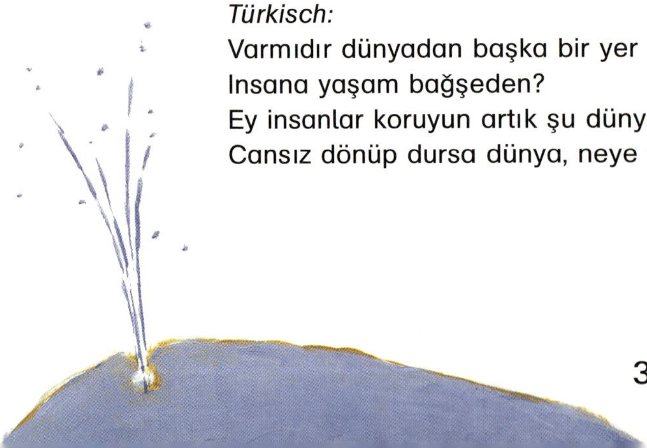

Gut in Form

Hokey Pokey

Textfassung: Wolfgang Hering/Bernd Meyerholz
Melodie: Jim Kennedy © Connelly

2. ... den linken Arm ...
3. ... den rechten Fuß ...
4. ... den Kopf ...

Kennt ihr schon Avignon

Text und Melodie: aus Frankreich
dt. Textfassung: Peter Fuchs © Klett

1.–6. Kennt ihr schon A - vi - gnon? Lasst uns tan - zen auf der Brü - cke!
Sur le pont d'A - vi - gnon l'on y dan - se, l'on y dan - se,

Kennt ihr schon A - vi - gnon? Lasst uns tan - zen rund - her - um!
sur le pont d'A - vi - gnon l'on y dan - se tout en rond.

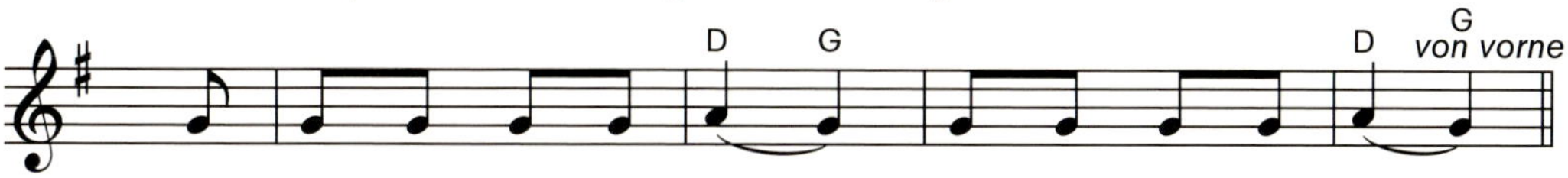

1. Die Män - ner ma - chen so ___ und dann wie - der so. ___
2. Die Frau - en ma - chen so ___ und dann wie - der so. ___
3. Und die Sol - da - ten so ___ und dann wie - der so. ___
4. Die Wä - sche - rin - nen so ___ und dann wie - der so. ___
5. Die Schus - ter ma - chen so ___ und dann wie - der so. ___
6. Die Mu - si - kan - ten so ___ und dann wie - der so. ___

Kennt ihr nicht den Muschelmann

Text- und Melodiefassung:
Katharina Kemming © Kemming

1. *Einer:* Kennt ihr nicht den Muschelmann, den Muschelmann, den Muschelmann.
Alle: Klar kenn' wir den Muschelmann, den Muschelmann, den Muschelmann.

Einer: Kennt ihr nicht den Muschelmann, der wohnt in Sche - ve - nin - gen.
Alle: Klar kenn' wir den Muschelmann, der wohnt in Sche - ve - nin - gen.

2. *Einer:* Hört, da ruft der Muschelmann, der Muschelmann, der Muschelmann,
preist die frische Ware an, die kommt aus Scheveningen.

3. *Alle:* Such dir eine Muschelfrau, 'ne Muschelfrau, 'ne Muschelfrau.
Such dir eine Muschelfrau, die kommt aus Scheveningen.

4. *Alle:* Tanz mit deiner Muschelfrau, Herr Muschelmann, Herr Muschelmann.
Tanz mit deiner Muschelfrau, die kommt aus Scheveningen.

Schläft der Bär

Textfassung: Margarete Jehn, Melodie: mündlich überliefert

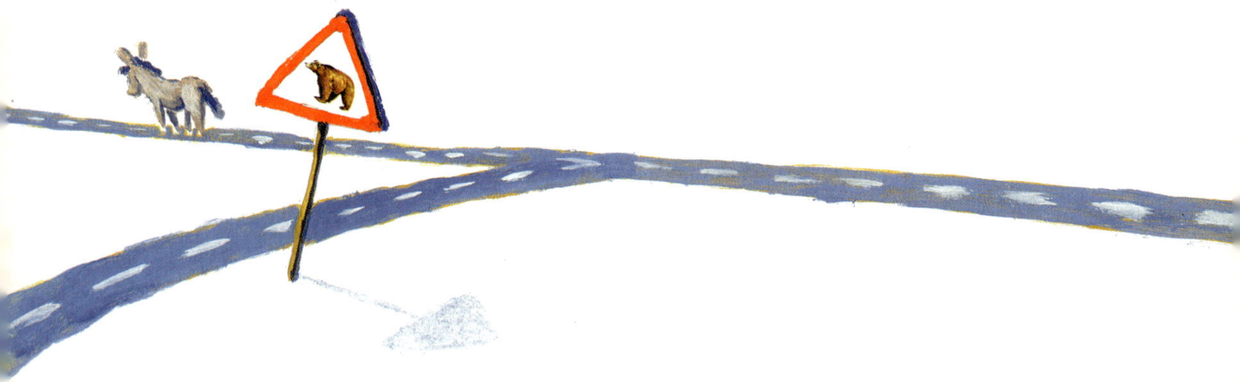

Ein kleiner grauer Esel

Text und Melodie: mündlich überliefert

Nheco nheco

Text und Melodie: José Posada © Fidula

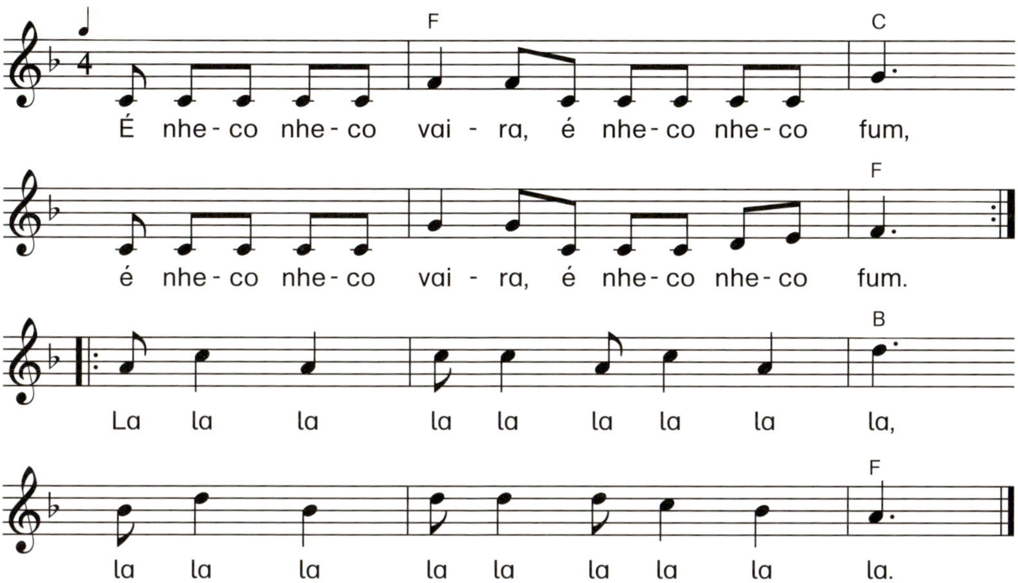

Siebensprung

Text und Melodie: mündlich überliefert

gesprochen:

1. Das ist eins.
2. Das ist zwei.
3. Das ist …
7. Das ist sieben.

Hashual

Textfassung: Herby Neumann, Melodie: aus Israel © Klett

Ciranda, cirandinha

Text und Melodie: aus Brasilien

Begleitung

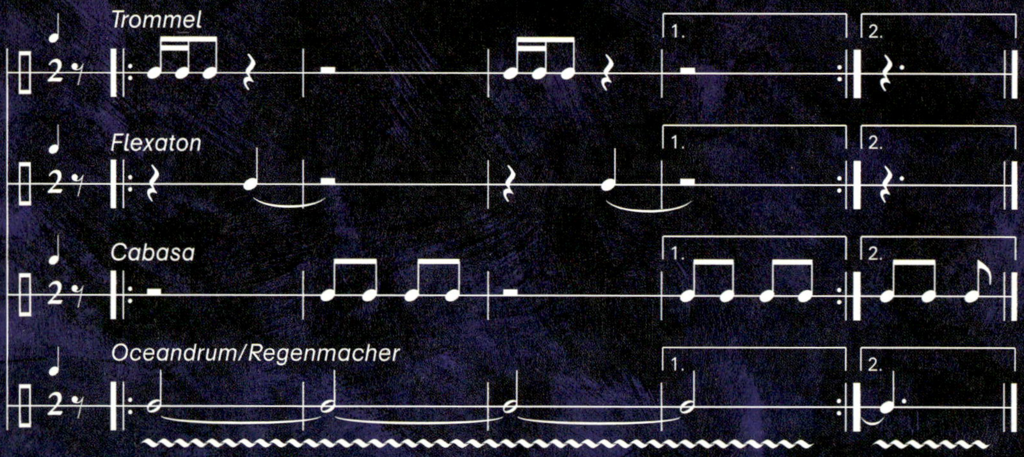

Ich bring dir ein Licht

Text, Melodie und Satz: Herby Neumann © Klett

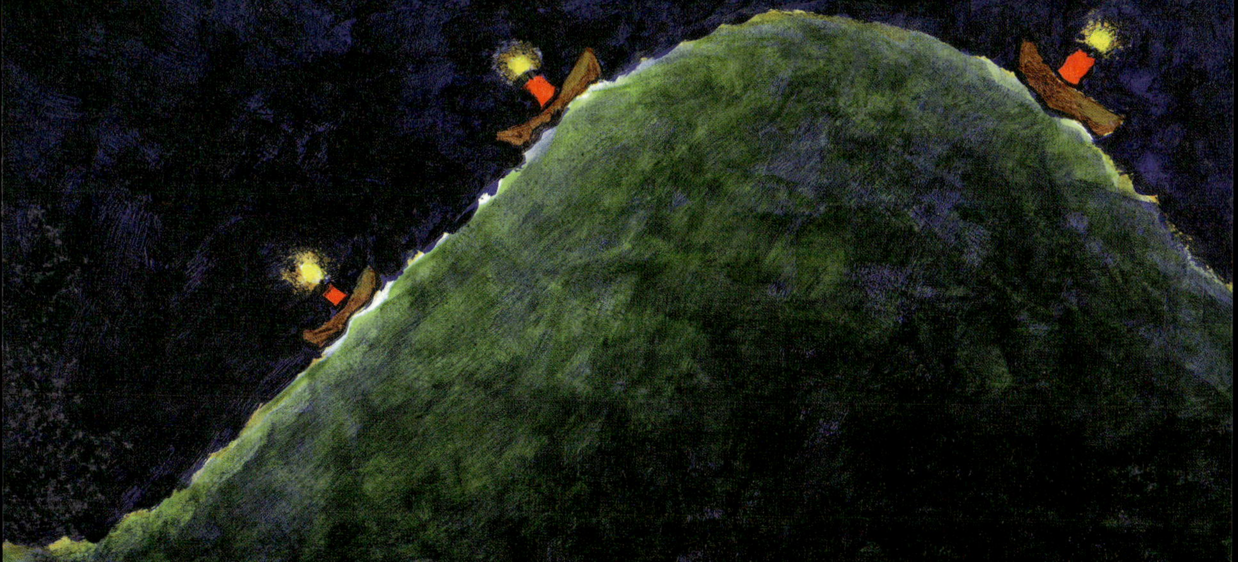

Der Tanz der Elfen

Herby Neumann © Klett

In warmen Sommernächten,
wenn der volle Mond am Himmel steht,
verlassen die Elfen ihre Wohnungen.

Heute ist Vollmondnacht!
Die Elfen sind unterwegs
zu ihrem Tanzplatz am Waldsee.

Der Weg ist beschwerlich.
Sie müssen dicken Bäumen ausweichen,
über herumliegende Wurzeln steigen
und herabhängende Zweige beiseite schieben.

Die Elfen sind jedoch nicht allein im Zauberwald.
Gnome lauern hinter Stämmen
und unter Baumwurzeln.
Als dunkle Schatten
huschen sie an den Elfen vorbei
um sie zu erschrecken.
Ganz eng rücken die Elfen dann zusammen.

Endlich erreichen sie
den vom Mond erleuchteten Waldsee.
Sie gehen um den See herum.
Neugierig schauen sie
auf die glatte Wasserfläche
und betrachten ihr Spiegelbild.
Sie wiegen sich hin und her
und kommen dabei langsam ins Träumen.

Während sie so tanzen,
schiebt sich eine Wolke vor den Mond
und verdunkelt die Nacht.
Im Schutz der Dunkelheit
wagen sich die Gnome aus dem Wald
um mit den Elfen Schabernack zu treiben.

Da kommt ein Wind auf und bläst die Wolke weg.
Die Gnome verschwinden schnell wieder im Wald.
Die Elfen tanzen mit dem Wind,
wirbeln herum, drehen sich um sich selbst –
und vergessen die Zeit.

Als sie noch ganz im Tanz versunken sind,
erscheint ein roter Schimmer am Horizont.
Die Sonne streckt ihre Strahlen
nach den tanzenden Elfen aus.
Wie von Zauberhand
werden die zarten Wesen immer durchsichtiger,
bis sie schließlich kaum noch zu erkennen sind.

Im ersten Morgenlicht
sind nur noch die Bäume des Waldes zu sehen.
Der Tanz der Elfen ist vorbei.

Tumba

Text und Melodie: Verfasser unbekannt

I like the flowers

Text und Melodie: aus England
deutsche Textfassung: Verfasser unbekannt

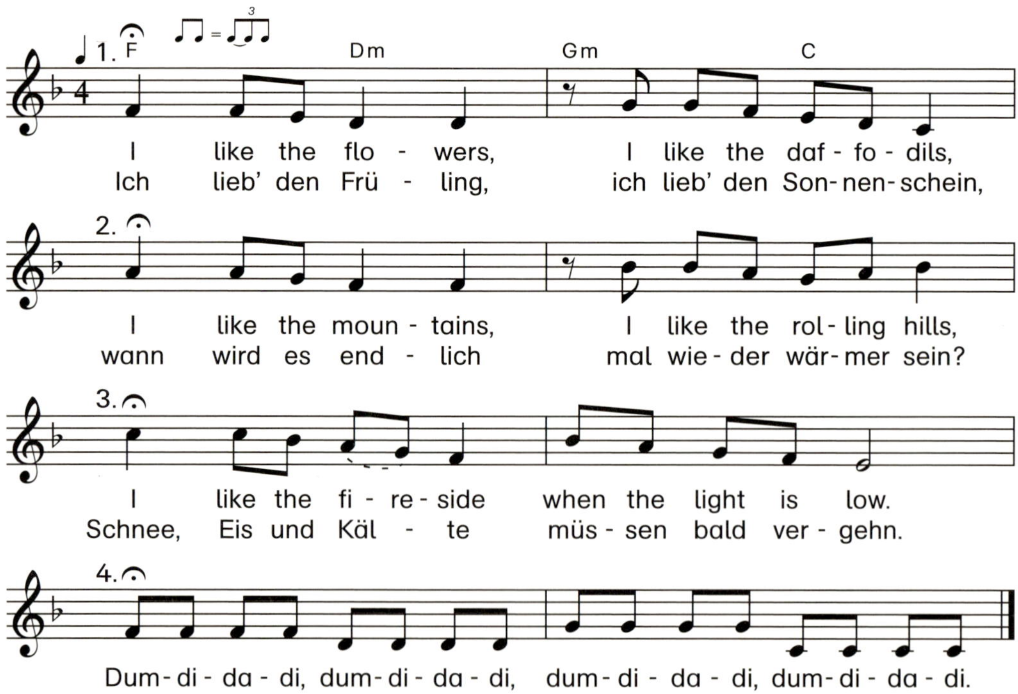

Länder sind zum Reisen da

Textfassung: Ruth und Björn Tischler
Melodie: aus den USA © Balsies

Melodie der Strophen wie Refrain

1. Holzfäller in Kanada ...
   Reisen in die Ferne.
2. Schwimmen in Italien ...
   Reisen in die Ferne.
3. Klettern im Himalaya ...
   Reisen in die Ferne.

Skip to my Lou

Text und Melodie: aus den USA

Pour passer le Rhône

Text und Melodie: aus Frankreich
dt. Textfassung: Marianne Steffen-Wittek © Klett

Begleitung

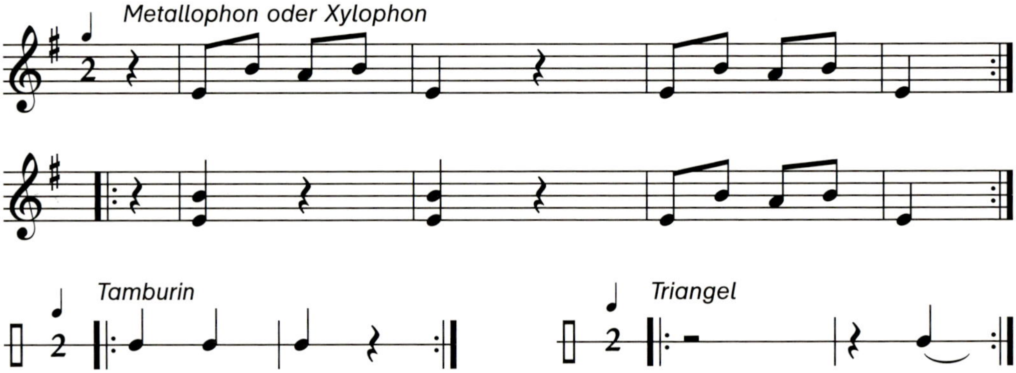

Will ein lustig Liedlein bringen

Text und Melodie: aus Italien
dt. Textfassung: Fritz Schröder

1. Will ein lu-stig Lied-lein brin-gen und die Ta-ran-tel-la sin-gen,
I-o so-no un po-ve-ret-to sen-za ca-sa e sen-za let-to,

ich, der ar-me klei-ne To-ni, für eine Schüssel mit Mak-ka-ro-ni.
ven-de-rei i miei cal-zo-ni per un sol piatto di mac-che-ro-ni.

2. Hab kein Geld in meiner Tasche,
keinen Tropfen in der Flasche,
brauch kein Bett aus Mahagoni,
nur eine Schüssel mit Makkaroni.

3. In der Welt wär viel mehr Liebe
und es gäbe keine Diebe,
keine Gauner und ladroni,
hätt' jeder jeden Tag Makkaroni!

4. Hat mein Liedchen euch gefallen,
komm ich wieder, sing euch allen,
neue Lieder und canzoni
für eine Schüssel mit Makkaroni.

Taranti tarante taranta

Text und Melodie: aus Italien
dt. Textfassung: Marianne Steffen-Wittek © Klett

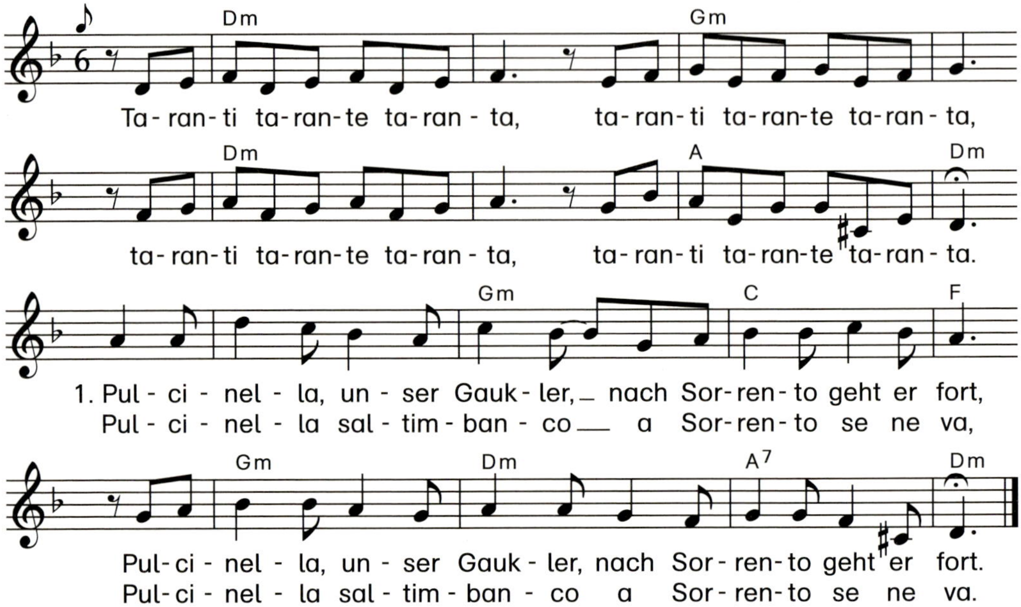

Taranti tarante taranta, ...

2. Pulcinella, unser Gaukler,
fliegt im Flugzeug zum Vesuv.
Pulcinella, unser Gaukler,
fliegt im Flugzeug zum Vesuv.

Taranti tarante taranta, ...

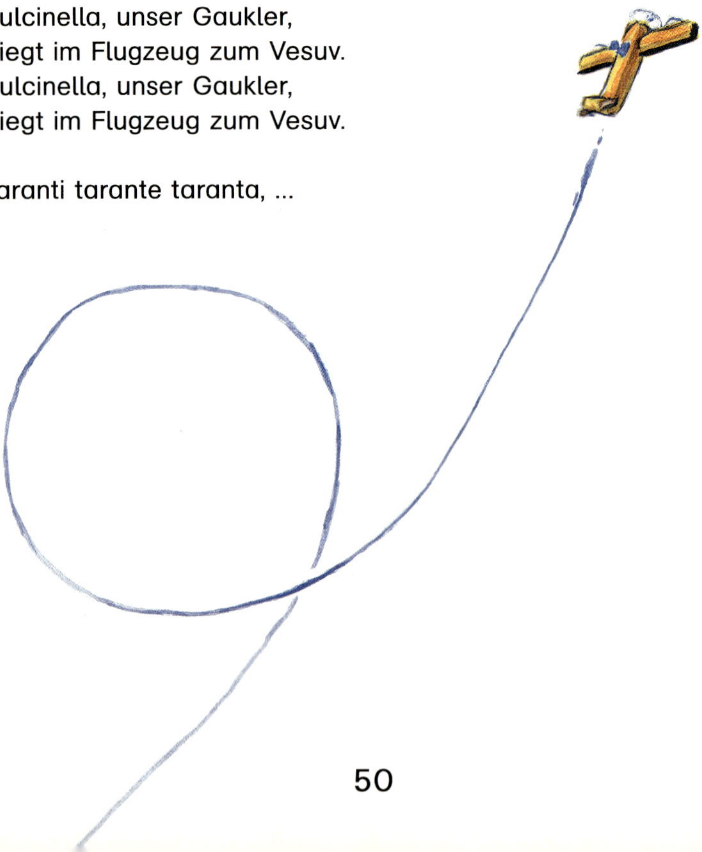

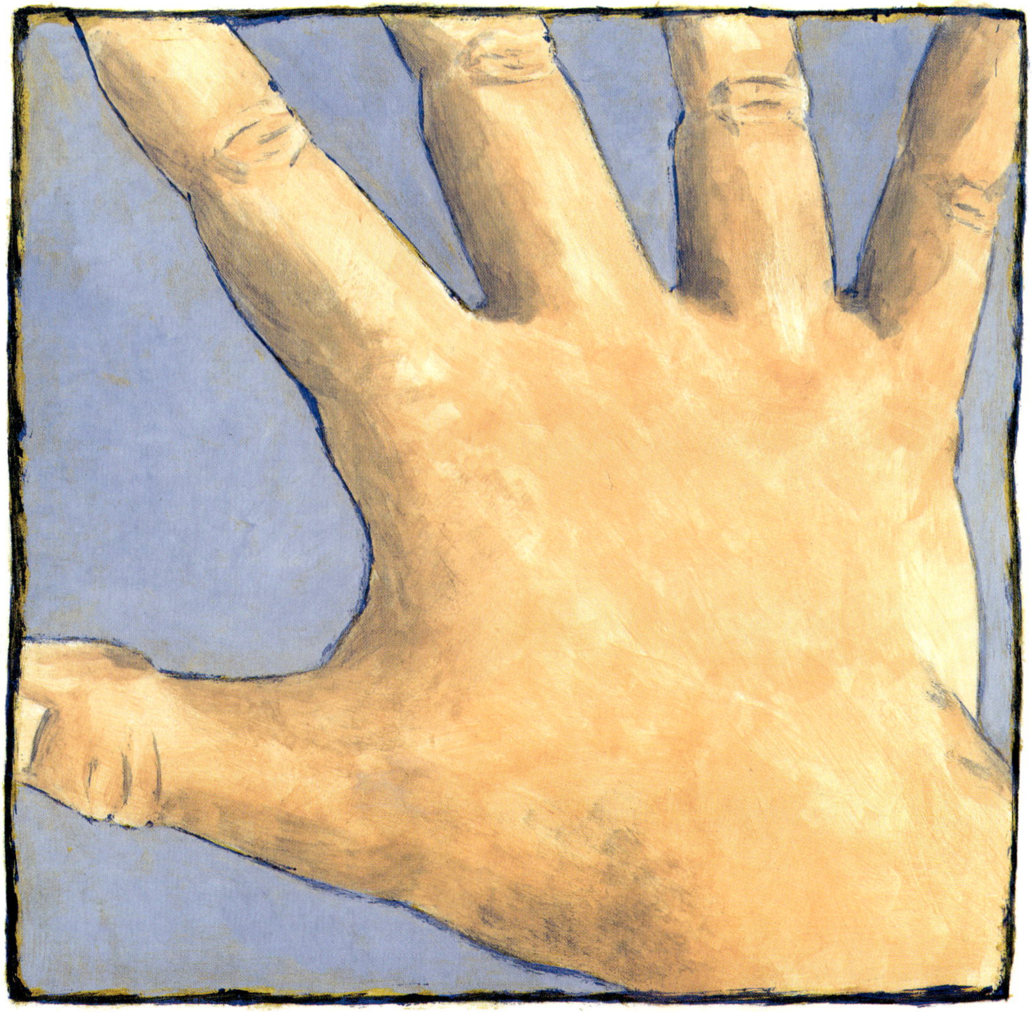

Von Kopf bis Fuß

Kopf und Schultern

Text und Melodie: aus England

In der Schweiz:
‖: Chopf und Schultere, Chnü und Füess,
Chnü und Füess :‖
und Auge, Ohre, Muul und Nase.
Chopf und Schultre, Chnü und Füess,
Chnü und Füess.

In Polen:
‖: Głowa, ramiona, brzuch, stopy,
brzuch, stopy :‖
oczy, uszy, usta, nos.
Głowa, ramiona, brzuch, stopy,
brzuch, stopy.

In England:
‖: Head, shoulders, knees and toes,
knees and toes :‖
and eyes and ears and chin and mouth and nose.
Head, shoulders, knees and toes,
knees and toes.

Ja, so machen sie's

Textfassung: Margit Möckl, Melodie: aus Frankreich

Begleitung

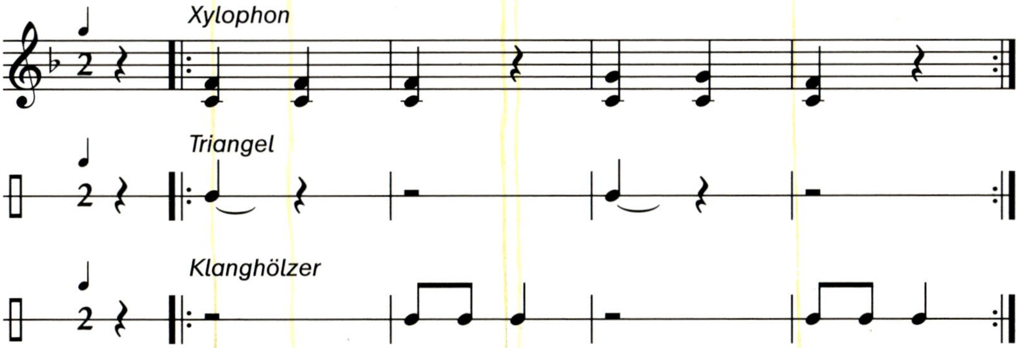

Die freche Spinne

Susanne Peter-Führe © Herder

Hoch oben auf der Regenrinne
sitzt die kleine freche Spinne.
Krabbelt hin und krabbelt her,
das Spinnen fällt ihr gar nicht schwer.

„Olala, was seh ich da?
Eine Hand ist auch schon da!“
Und sie lässt sich froh und munter
bis zu dieser Hand hinunter.
Krabbelt hin und krabbelt her,
das Spinnen fällt ihr gar nicht schwer.

Kommt ein Sturmwind mit Getöse
und die Hand, sie wackelt böse.
Doch die kleine freche Spinne
zieht sich hoch zur Regenrinne.
Krabbelt hin und krabbelt her,
das Spinnen fällt ihr gar nicht schwer.

„Olala, was seh ich da?
Die Nachbarhand ist auch schon da!“
Und sie lässt sich froh und munter
bis zu dieser Hand hinunter.
Krabbelt hin und krabbelt her,
das Spinnen fällt ihr gar nicht schwer.

Kommt ein Sturmwind mit Getöse
und die Hand, sie wackelt böse.
Doch die kleine freche Spinne
zieht sich hoch zur Regenrinne.
Krabbelt hin und krabbelt her,
das Spinnen fällt ihr gar nicht schwer.

„Olala, was seh ich da?
Der Nachbarkopf
(das Nachbarknie, der Nachbarbauch)
ist auch schon da!“
Und sie lässt sich froh und munter
bis zu diesem Kopf
(Knie, Bauch) hinunter.
Krabbelt hin und krabbelt her,
das Spinnen fällt ihr gar nicht schwer.

Kommt ein Sturmwind mit Getöse
und die Hand, sie wackelt böse.
Doch die kleine freche Spinne
zieht sich hoch zur Regenrinne.
Krabbelt schnell in ein Versteck
und ist weg.

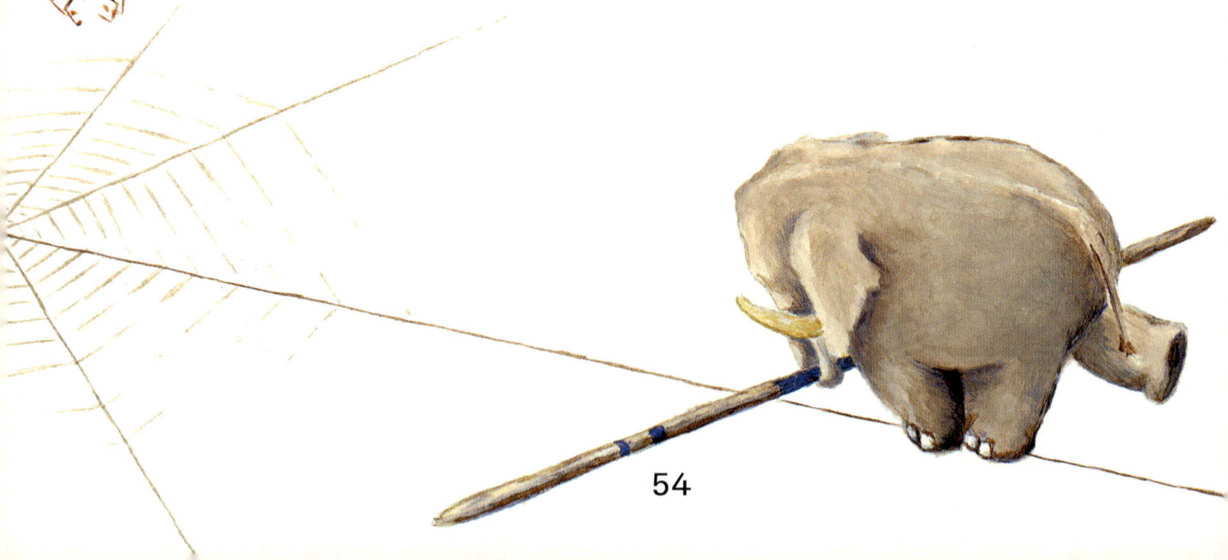

Imse Wimse Spinne

Textfassung: Margarete Jehn, Melodie: aus den USA

Ein Elefant, der balancierte

Textfassung: Fredrik Vahle
Melodie: aus Spanien

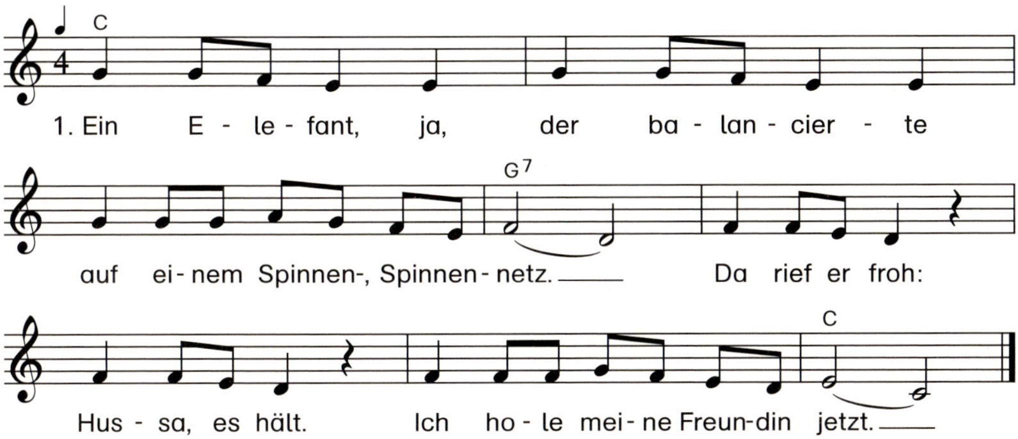

2. Zwei Elefanten, die balancierten
   auf einem Spinnen-, Spinnennetz.
   Da riefen sie: Hussa, es hält.
   Wir holen die Jasmina jetzt.
3. Drei Elefanten …
4. Vier Elefanten …

gesprochen:
Dann machten sie Stopp
und legten sich hin
und haben zu laufen aufgehört.
Und machten in dem Spinnennetz
ein Elefantenschnarchkonzert.

Die zehn Indianer

Text und Melodie: aus England
dt. Textfassung: Gerhard Schöne © Schöne

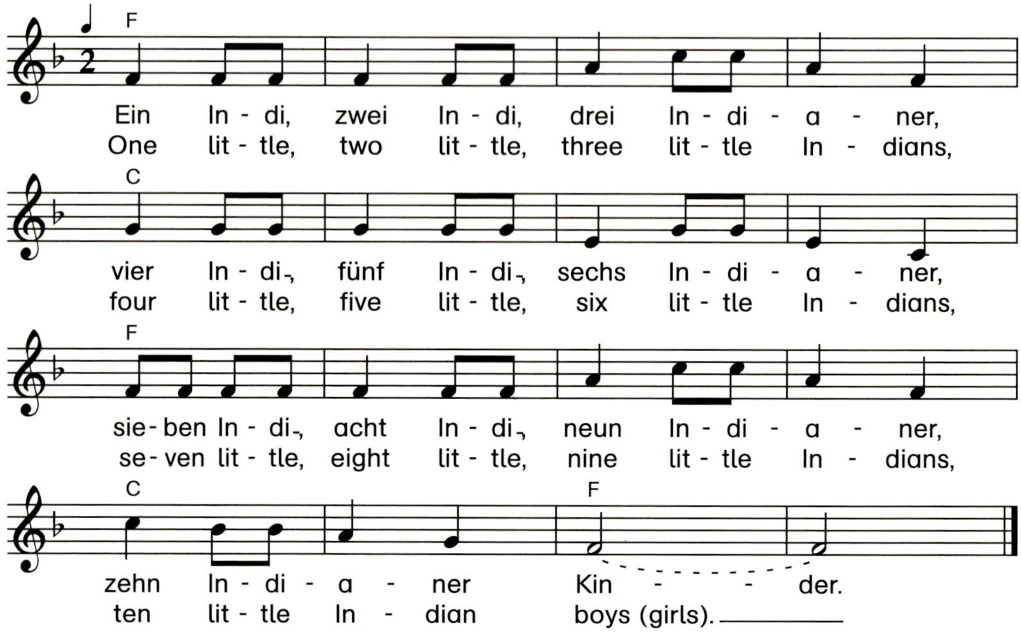

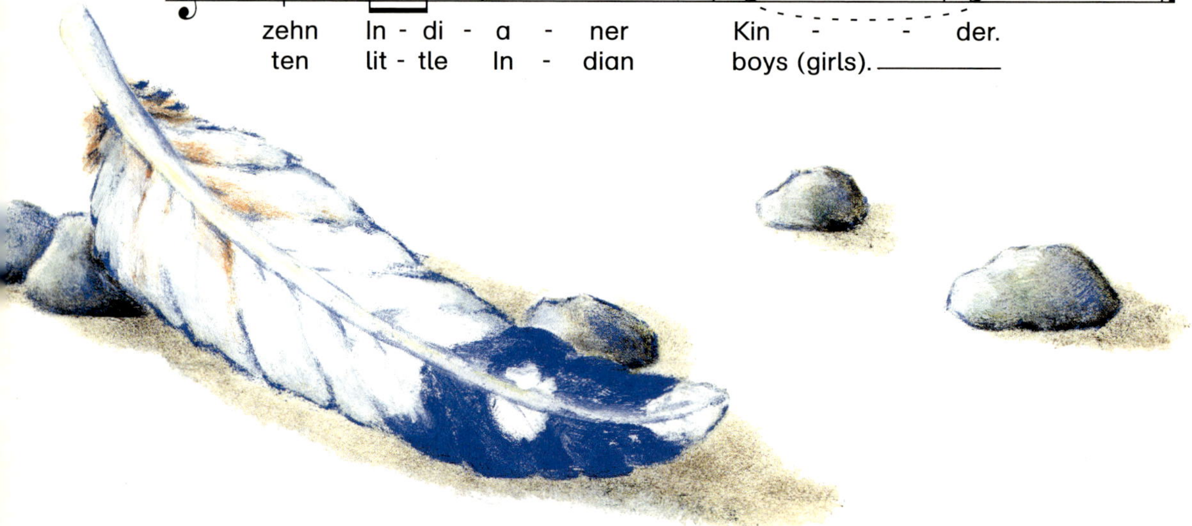

Epo i tai tai

Text und Melodie: aus Neuseeland

Heya eya

Text und Melodie: aus Kanada
(indianisch)

Begleitung

Der Trommelkönig von Kalimbo

Text und Melodie: Uli Führe

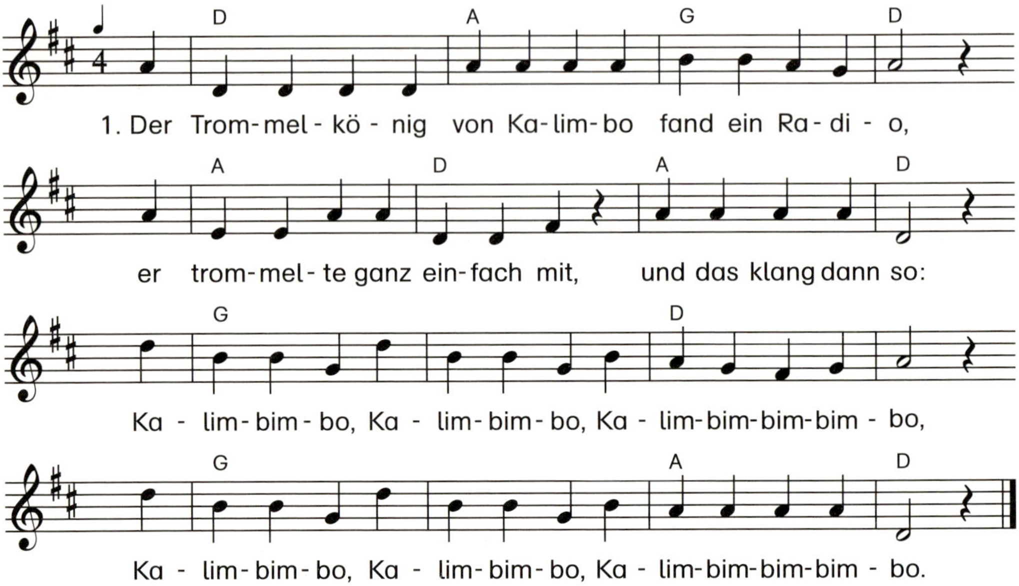

2. Der Trommelkönig von Kalimbo
suchte seinen Sohn.
Er trommelte: „Nun komm nach Haus!“,
und dann kam er schon.

3. Der Trommelkönig von Kalimbo
hatte eine Wut.
Er trommelte ganz schnell und wild,
dann war alles gut.

4. Der Trommelkönig von Kalimbo
rief den Regen an.
Er trommelte ganz tropfenfein,
plötzlich fing es an.

5. Der Trommelkönig von Kalimbo
sah ’nen kranken Hund.
Er trommelte. Bald war das Tier
fröhlich und gesund.

6. Der Trommelkönig von Kalimbo
wachte in der Nacht.
Er trommelte so zart und sanft,
alle schliefen sacht.

7. Der Trommelkönig von Kalimbo
feierte ein Fest.
Er trommelte nach Nord und Süd
und nach Ost und West.

Warum

Text und Rhythmus: mündlich überliefert

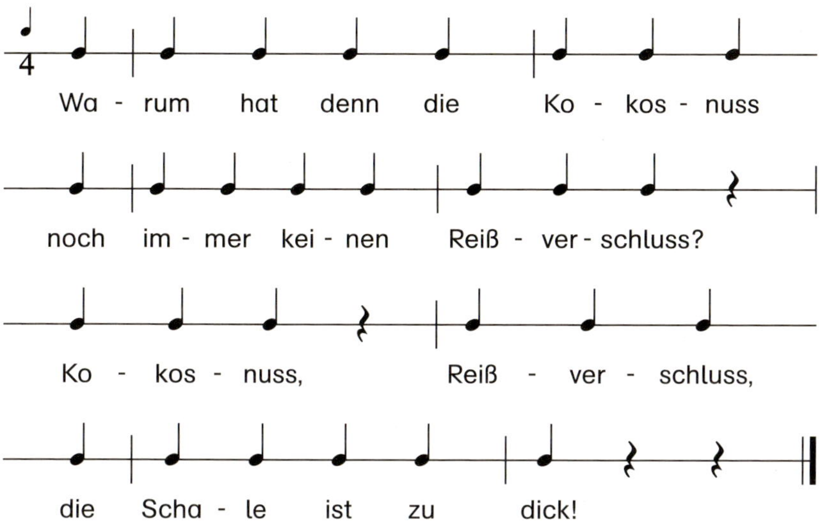

Coco tschi Coconut

Text und Melodie: Herby Neumann

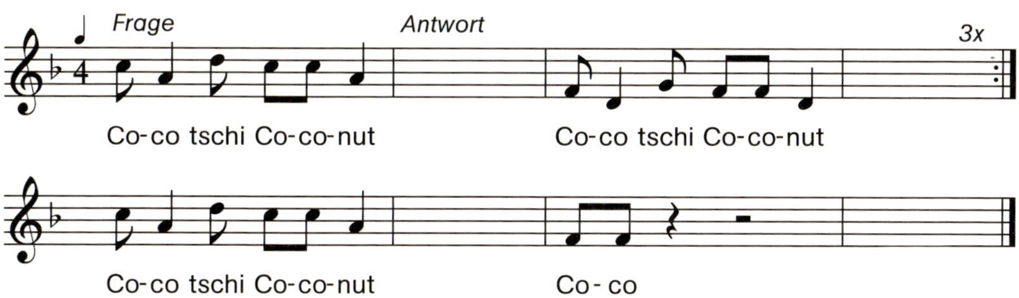

Simama kaa

Text und Melodie: aus Tansania

Taa taa tee

Text und Melodie: aus Ghana

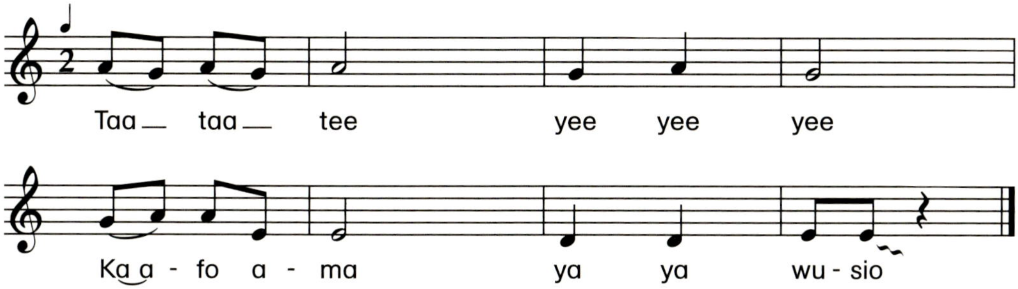

Begleitung

Ayelevi

Text und Melodie: aus Ghana

Wasuma

Text und Melodie: aus Surinam

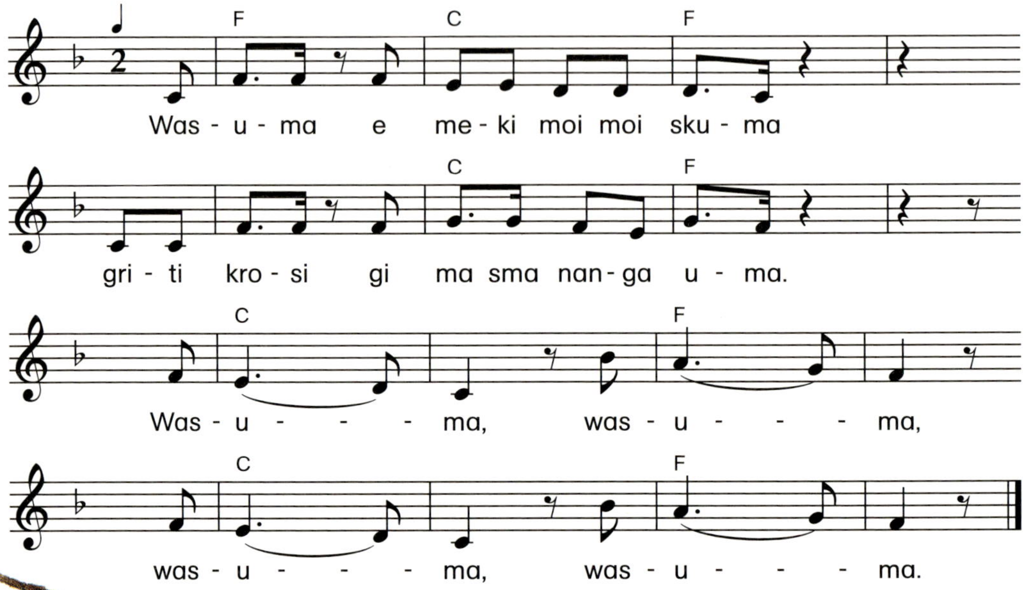

Begleitung

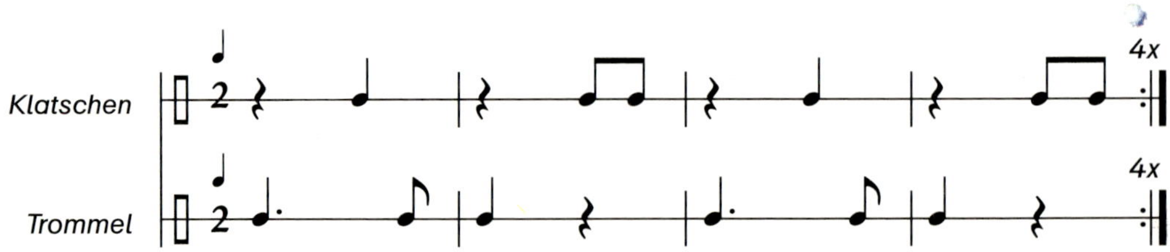

Un poquito cantas

Text und Melodie: aus Südamerika

2. Un poquito vino,
   un poquito aire,
   un poquito lelola,
   com' un canario.
   Lelola, ...

3. Un poquito vientos,
   un poquito sombras,
   un poquito lelola,
   com' un canario.
   Lelola, ...

4. Un poquito machos,
   un poquito chicas,
   un poquito lelola,
   com' un canario.
   Lelola, ...

un poquito cantas	– hier: ein bisschen singen
un poquito bailas	– hier: ein bisschen tanzen
como un canario	– wie ein Kanarienvogel
vino	– Wein
aire	– Luft
vientos	– Wind
sombras	– Schatten
machos	– Jungen
chicas	– Mädchen

Militza

Text und Melodie: aus Griechenland
dt. Textfassung: Marianne Steffen-Wittek © Klett

2. Wie gern hätt ich einen Apfel,
kleiner Baum, du kleiner Apfelbaum.
Du bist beladen mit reifen Äpfeln,
mit süßen Äpfeln, wie komm ich dran?

3. Du musst dich nicht fürchten,
sieh den Baum, den kleinen Apfelbaum.
Er ist beladen mit reifen Äpfeln,
mit süßen Äpfeln, komm pflück sie dir.

Gestimmt

Wenn ich glücklich bin

Text und Melodie: Klaus W. Hoffmann

2. Wenn ich wütend bin, sag ich dir,
ja, dann stampf und brüll ich wie ein wilder Stier.
Solche Sachen kommen mir so in den Sinn,
wenn ich wütend bin, wütend bin.

3. Wenn ich albern bin, fällt mir ein,
ja, dann quiek ich manchmal wie ein kleines Schwein.
Solche Sachen kommen mir so in den Sinn,
wenn ich albern bin, albern bin.

4. Wenn ich traurig bin, stell dir vor,
ja, dann heul ich wie ein Hofhund vor dem Tor.
Solche Sachen kommen mir so in den Sinn,
wenn ich traurig bin, traurig bin.

5. Wenn ich fröhlich bin, hör mal zu,
ja, dann pfeif ich wie ein bunter Kakadu.
Solche Sachen kommen mir so in den Sinn,
wenn ich fröhlich bin, fröhlich bin.

Mein kleiner Seehund

Text und Melodie: Martin Geck

2. Mein kleiner Seehund dort am Strand
sehnt sich nach einem festen Land.
Er träumt, dass er ein Vöglein wär,
jedoch das Fliegen fällt ihm schwer.
Ach Beatrix, das macht doch nix ...

3. Mein kleiner Seehund dort am Strand,
der möchte manchmal elegant
und superschick gekleidet sein –
jedoch, er passt in gar nichts rein.
Ach Beatrix, das macht doch nix ...

4. Mein kleiner Seehund dort am Strand
wär gern ein toller Musikant.
Doch Heulen einsam und allein –
das kann wohl nicht die Lösung sein.
Ach Beatrix, das macht doch nix ...

5. Mein kleiner Seehund dort am Strand
fänd es im Zirkus amüsant:
Vielleicht ging's grad noch als Jongleur,
denn Seiltanz lernt er nimmermehr
Ach Beatrix, das macht doch nix ...

Tante Trude Trippelstein

Text: Lea Smulders
Melodie: Heinz Lemmermann © Fidula

2. Doch ist Regen angesagt,
und ein jeder brummt und klagt,
ruft sie: „Ich verdiene!“ mit zufried'ner Miene.
Wenn es draußen plitscht und platscht,
und der Regen klitscht und klatscht,
wird die Tante – wie famos –
Regenschirme, Regenschirme, Regenschirme los.

Wir denken nicht daran

Text und Melodie: Ulrike Meyerholz/
Bernd Meyerholz © Meyerholz

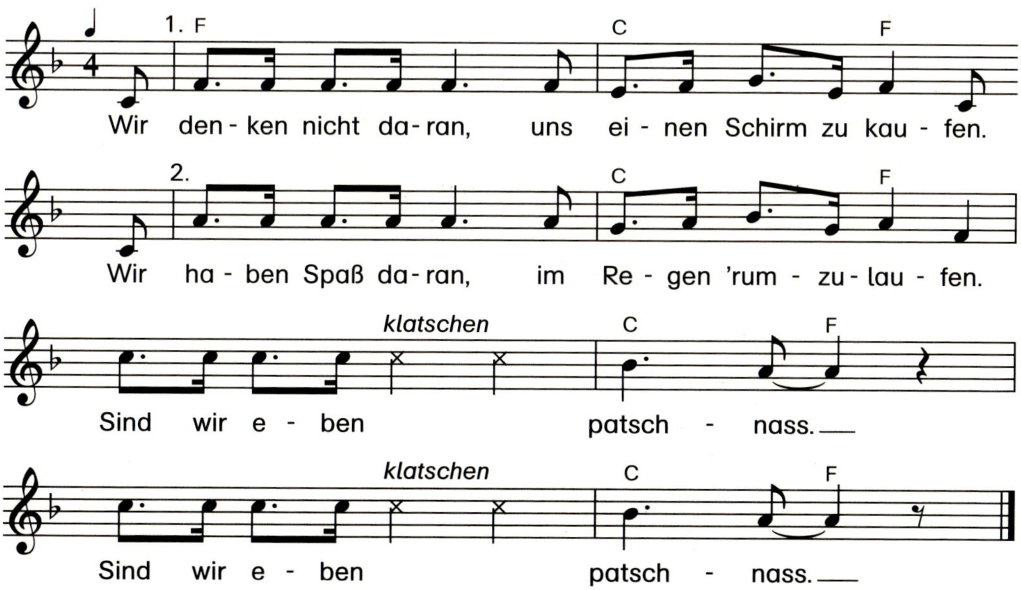

Der Dachs

Text: Josef Guggenmos, Melodie: Martin Geck

Der Papagei ein Vogel ist

Text und Melodie: Peter Ehlebracht

2. In Afrika am großen Fluss,
da wohnt ein Krokodil,
das braucht zum Zähneputzen
'nen Schrubber mit 'nem Stiel,
und dann singt es:
Inky tinky minky, ...

3. Die Affen im Bananenhain,
die lieben Obstsalat.
Sie werfen mit der Kokosnuss,
denn die ist rund und hart,
und dann singen sie:
Inky tinky minky, ...

4. Das Nilpferd grüne Seife liebt,
die es zum Baden nutzt.
Es schläft so gern am Uferrand,
aber wenn es sich dort putzt,
ja dann singt es:
Inky tinky minky, ...

5. Ein alter Elefant im Zoo,
der kannte dies' Lied nicht.
Und weil er ganz alleine war,
machte er sich ein Gedicht
und das ging:
Inky tinky minky, ...

Eins, zwei, drei, Kartoffelbrei

Textfassung: Manfred Kindel
Melodie: aus den USA © Kindel

Ein Ochse namens Otto

Text und Rhythmus: Martin Geck
© Cornelsen

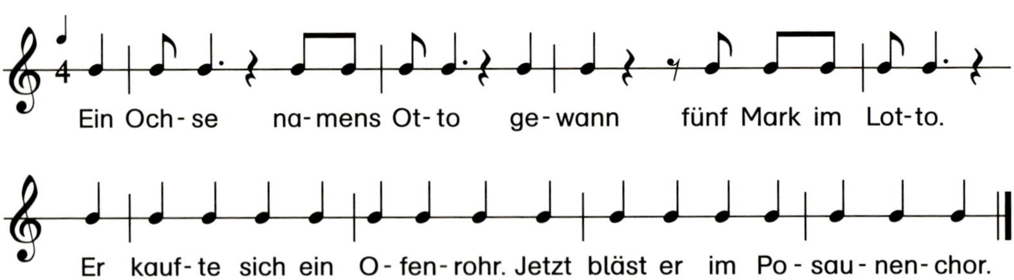

Meine Tante kam zurück

Text und Melodie: Verfasser unbekannt

2. Meine Tante kam zurück aus Katmandu.
   Und sie brachte mir mit einen hölzernen Schuh.

3. Meine Tante kam zurück aus Liverpool.
   Und sie brachte mir mit einen Schaukelstuhl.

4. Meine Tante kam zurück von der Kur in Bad Scholz.
   Und sie brachte mir mit einen Löffel aus Holz.

5. Meine Tante kam zurück aus Timbuktu.
   Und sie brachte mir mit einen Vogel wie du!

Schickt mich die Mutter

Textfassung: Barbara Heuschober
Melodie: aus Norwegen © Möseler

2. Über den Graben da ist es entwichen,
läuft durch die Wiese und läuft bis zum Teich;
da kommt der Fuchs aus dem Walde geschlichen,
schnappt sich das Huhn und verschluckt es sogleich.
Pack der Teufel dich am Kragen,
oh, was werd ich der Mutter nur sagen?
Nun darf ich nimmer nach Hause mich wagen,
nun darf ich nimmer nach Hause zurück.

3. Jetzt werd ich Körner zur Mühle hintragen,
bring einen Sack voller Mehl dann nach Haus,
und zu der Mutter da werde ich sagen:
„Koch eine süße Suppe daraus!“
Sind wir beide dann sattgegessen,
hat auch die Mutter das Hühnchen vergessen:
dann darf ich wieder nach Hause mich wagen,
dann darf ich wieder nach Hause zurück.

Nach der langen Nacht

Text und Melodie: Uli Führe © Fidula

2. Und dann lagst du da, zipi zipi,
einfach ruhig da, zipi zipi,
kleiner Vogel, du, zipi zipi, Marilu.
Ach, du armes Ding, zipi zipi,
„Lieber Vogel sing“ zipi zipi.
Doch da war nur Ruh, zipi zipi, Marilu.

3. Und ich grub dich ein, zipi zipi,
hinter einem Stein, zipi zipi,
Erde deckt dich zu, zipi zipi, Marilu.
Manchmal, dann und wann, zipi zipi,
hör ich dein’ Gesang, zipi zipi,
kleiner Vogel, du, zipi zipi, Marilu.

In Mutters Stübele

Text und Melodie: aus Südbaden

2. Muss fast verfrieren
vor lauter ... Wind.
3. Du nimmst den Bettelsack
und ich den ... Korb.
4. Du kriegst ein Äpfelchen
und ich ein' ... Birn.
5. Du sagst: Vergelt es Gott!
und ich sag ... Dank.

2. Mir wen goh bettle goh,
es sin uns ... zwei.
3. Du nimmsch der Bettelsack
un i der ... Korb.
4. Du kriegsch e Weckeli
un i e ... Bir.
5. Du saisch: Vergelt is Gott!
un i sag ... Dank.

Auf einem Baum ein Kuckuck

Text und Melodie: mündlich überliefert

2. Da kam ein junger Jägers ... mann.
3. Der schoss den armen Kuckuck ... tot.
4. Und als ein Jahr vergangen ... war,
5. da war der Kuckuck wieder ... da.

Ferien, Ferien

Text und Melodie: Wolfgang Spode © Fidula

Melodie der Strophen wie Refrain

1. Frei bin ich und so vergnügt,
weil es Sommerferien gibt.
Ich mag Sommer, Sonne, Sand,
ein Sonnenbad am Strand.
Ferien, Ferien ...

2. Reisen um die halbe Welt,
einfach tun, was mir gefällt.
Wandern, Baden, Spiel und Spaß
und Faulenzen im Gras.
Ferien, Ferien ...

3. Einer schwitzt im Wüstensand,
andre fahrn nach Ameland.
Einfach mal was andres sehn –
wer kann das nicht verstehen?
Ferien, Ferien ...

Tempo, Tempo

Eine große Uhr

Text und Melodie: Marianne Steffen-Wittek

Nach der 4. Strophe erklingen alle Uhren gleichzeitig.

Wir sind Roboter aus Witten

Text und Rhythmus: Martin Geck

Der erste Roboter

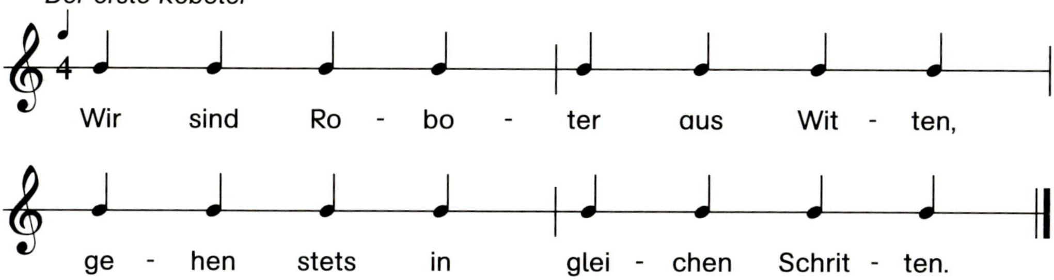

Der zweite Roboter

Der dritte Roboter

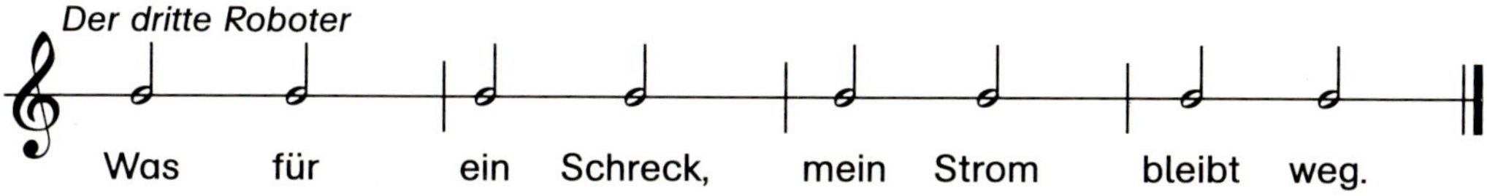

Der vierte Roboter

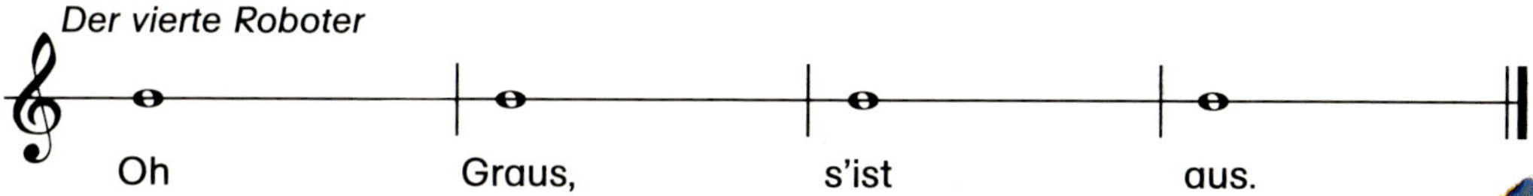

Der Jahrmarkt hat begonnen

Text: James Krüss
Melodie: Alfred Divisch © Zimmermann

2. Zwar dreht es sich im Kreise
und kommt nicht von der Stell,
doch hat's die ganze Welt gesehn,
das bunte Karussell.
Es sah Konstantinopel,
sah Peking und Oran.
Es war sogar in Afrika
und in Belutschistan.

3. Komm, setz dich auf den Löwen,
denn der ist brav und stumm.
Wenn er auch scharfe Zähne hat,
bringt er doch niemand um.
Es gibt auch einen Schimmel
und einen Pelikan.
Und das da ist ein Leopard
und dies hier ist ein Schwan.

Rummelbummel

Text und Melodie: Thilde Lorenz

Tanz der wilden Pferde

Text und Melodie: Gerda Bächli

2. Wer kann sie fangen,
die wilden, wilden Pferde?
Das kann der Cowboy,
er schwingt sein Lasso.
Bringt sie zum Stall,
die wilden, wilden Pferde.

3. Jetzt geht's zur Arbeit,
ihr wilden, wilden Pferde.
Kommt, helft dem Bauern,
zieht ihm den Wagen.
Jetzt geht's zur Arbeit,
ihr wilden, wilden Pferde.

Lauf, mein Pferdchen

Textfassung: Anneliese Schmolke
Melodie: aus Litauen

2. Auf dich wartet süßer Hafer, auf mich wartet's Mütterlein.
Tralala, tralala, auf mich wartet's Mütterlein.

Komm, mein Pferdchen

Textfassung: Ortfried Pörsel
Melodie: aus Slowenien © Fidula

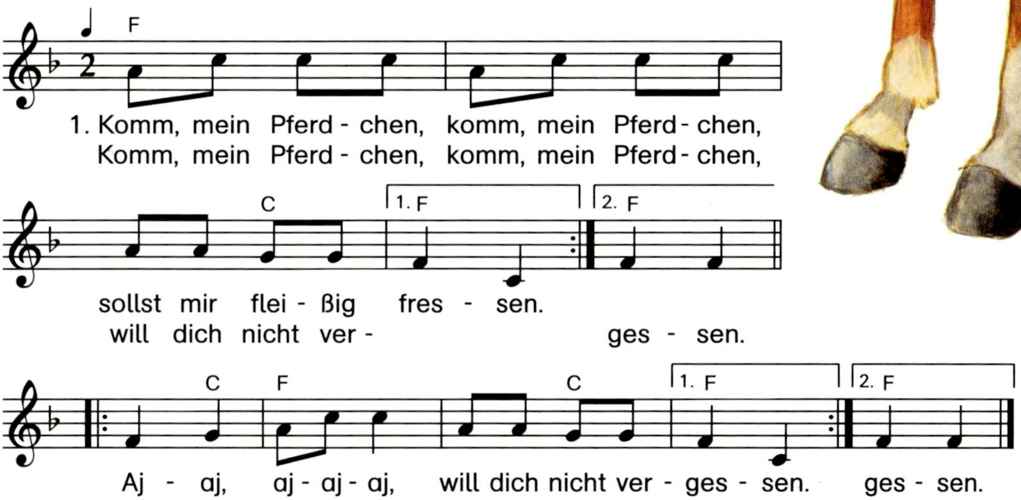

2. Will dich holen, will dich holen von der grünen Weide.
Will dich holen, will dich holen, reiten woll'n wir beide.
Ajaj, ajajaj, reiten woll'n wir beide.

3. Hei, dann geht es, hei, dann geht es über alle Brücken.
Und ich reite, und ich reite hoch auf deinem Rücken.
Ajaj, ajajaj, hoch auf deinem Rücken.

Begleitung

Ein Jäger längs dem Weiher ging

Text und Melodie:
mündlich überliefert

2. Was raschelt in dem Grase dort?
Lauf, Jäger, lauf!
Was flüstert leise fort und fort?
Lauf, Jäger, lauf ...

3. Was ist das für ein Untier doch?
Lauf, Jäger, lauf!
Hat Ohren wie ein Turm so hoch.
Lauf, Jäger, lauf ...

4. Der Jäger furchtsam um sich schaut.
Lauf, Jäger, lauf!
„Jetzt will ich's wagen, o mir graut!"
Lauf, Jäger, lauf ...

5. O Jäger, lass die Büchse ruhn!
Lauf, Jäger, lauf!
Das Tier könnt dir ein Leides tun!
Lauf, Jäger, lauf ...

6. Der Jäger lief zum Wald hinaus.
Lauf, Jäger, lauf!
Verkroch sich flink im Jägerhaus.
Lauf, Jäger, lauf ...

7. Das Häschen spielt im Mondenschein.
Lauf, Jäger, lauf!
Ihm leuchten froh die Äugelein.
Lauf, Jäger, lauf ...

Der Jaguar lauert

Text und Rhythmus: Martin Geck

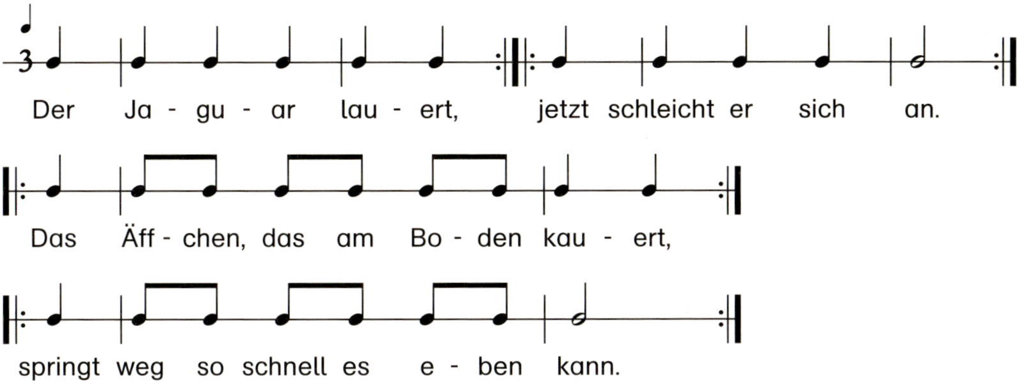

Heut schau ich nicht auf die Uhr

Text und Melodie:
Marianne Steffen-Wittek

Begleitung

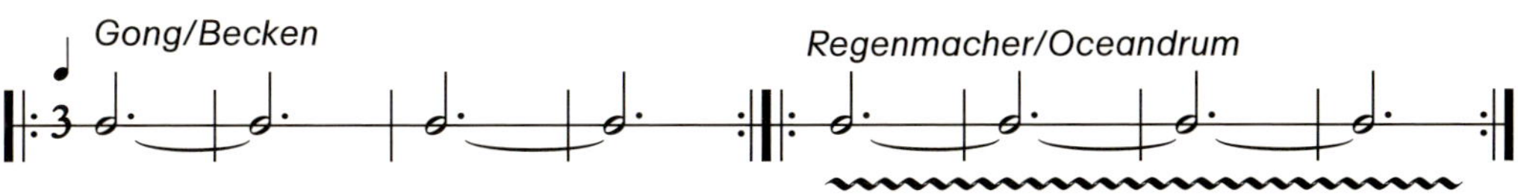

Der Herr, der schickt den Jockel aus

Text: mündlich überliefert
Melodie und Satz:
C. Orff/G. Keetmann

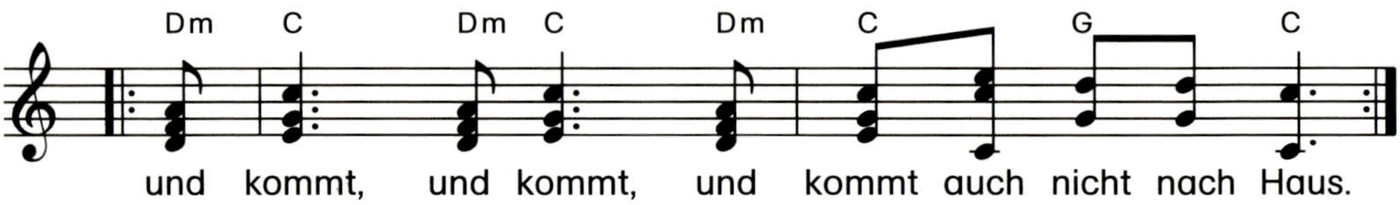

2. Da schickt der Herr den Pudel aus,
er soll den Jockel beißen ...

3. Da schickt der Herr den Prügel aus,
er soll den Pudel prügeln ...

4. Da schickt der Herr das Feuer aus,
es soll den Prügel brennen ...

5. Da schickt der Herr das Wasser aus,
es soll das Feuer löschen ...

6. Da schickt der Herr den Ochsen aus,
er soll das Wasser saufen ...

7. Da schickt der Herr den Metzger aus,
er soll den Ochsen schlachten ...

8. Da schickt der Herr den Teufel aus,
er soll den Metzger holen ...

9. Da geht der Herr wohl selbst hinaus
und will den Jockel holen.
Da holt der Teufel den Metzger gleich,
der Metzger schlachtet den Ochsen gleich,
...

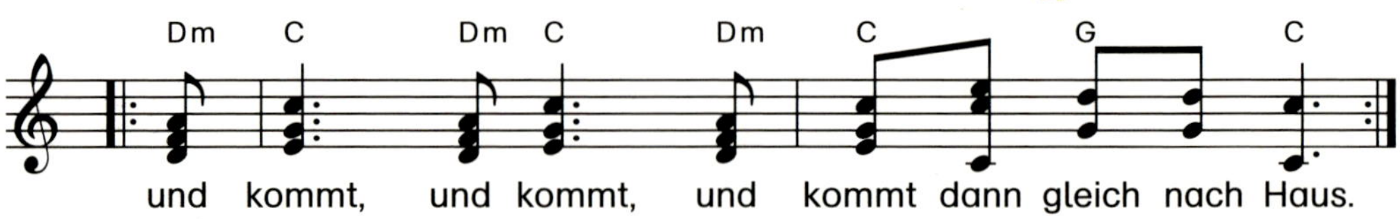

Drunten in der grünen Au

Text und Melodie: mündlich überliefert

2. Was ist auf dem Zweig?	Ein wunderschönes Nest	Nest auf dem Zweig, Zweig am Baum, Baum in der Au ...
3. Was ist in dem Nest?	Ein wunderschöner Vogel.	Vogel im Nest, Nest auf dem Zweig, Zweig am Baum, Baum in der Au ...
4. Was ist an dem Vogel?	Eine wunderschöne Feder.	Feder am Vogel, Vogel im Nest, Nest auf dem Zweig, Zweig am Baum, Baum in der Au ...
5. Was wird aus der Feder?	Ein wunderschönes Bett.	Bett aus der Feder, Feder am Vogel, Vogel im Nest, Nest auf dem Zweig, Zweig am Baum, Baum in der Au ...
6. Was liegt in dem Bett?	Ein wunderschönes Kind.	Kind im Bett, Bett aus der Feder, Feder am Vogel, Vogel im Nest, Nest auf dem Zweig, Zweig am Baum, Baum in der Au ...

Es führt über den Main

Text und Melodie: Felicitas Kukuck

2. Kommt ein Fuhrmann daher, hat geladen gar schwer,
seiner Rösser sind drei, und sie tanzen vorbei.

3. Und ein Bursch ohne Schuh und in Lumpen dazu,
als die Brücke er sah, ei wie tanzte er da.

4. Kommt ein Mädchen allein auf die Brücke von Stein,
fasst ihr Röckchen geschwind, und sie tanzt wie der Wind.

5. Und der König in Person steigt herab von seinem Thron,
kaum betritt er das Brett, tanzt er gleich Menuett.

6. Liebe Leute, herbei! Schlagt die Brücke entzwei!
Und sie schwangen das Beil, und sie tanzten derweil.

7. Alle Leute im Land kommen eilig gerannt:
Bleibt der Brücke doch fern, denn wir tanzen so gern!

8. Es führt über den Main eine Brücke von Stein,
wir fassen die Händ, und wir tanzen ohne End.

Groß und klein

Wir werden immer größer

Text: Volker Ludwig
Melodie: Birger Heymann © Ludwig / Heymann

2. Wir werden immer größer,
das merkt jedes Schaf.
Wir werden immer größer,
sogar im Schlaf.
Ganz egal, ob's regnet,
donnert oder schneit:
Wir werden immer größer
und auch gescheit.

3. Wir werden immer größer,
darin sind wir stur.
Wir werden immer größer
in einer Tour.
Auch wenn man uns einsperrt
oder uns verdrischt.
Wir werden immer größer,
da hilft alles nicht.

La Ola

Text und Melodie: Uli Führe

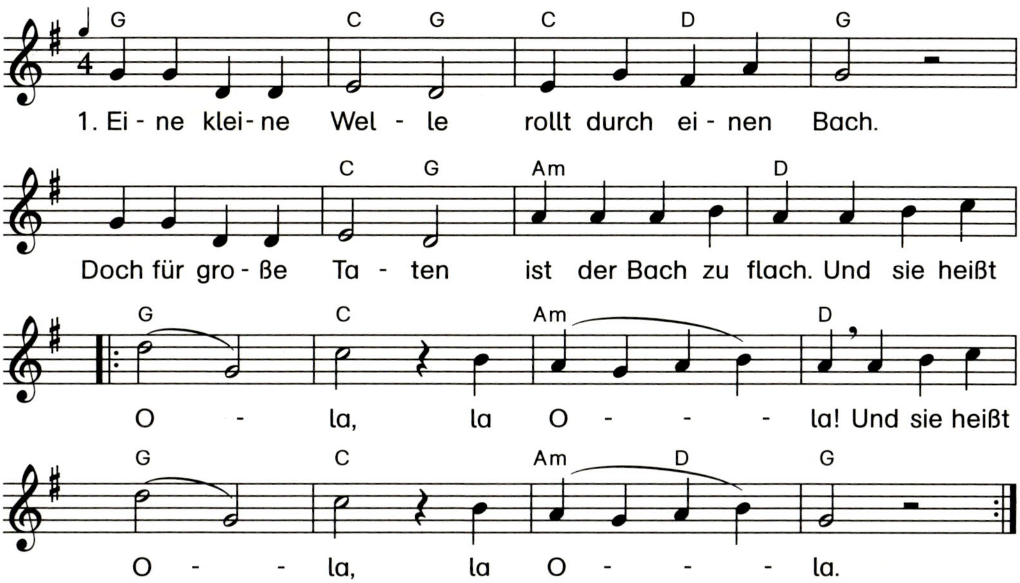

2. Eine kleine Welle
rollt durch einen Teich.
Doch für Wellenberge
ist der Teich zu seicht.
Und sie heißt Ola, la Ola.

3. Eine kleine Welle
rollt durch einen Fluss,
Doch an einem Wehr ist
für die Welle Schluss.
Und sie heißt Ola, la Ola.

4. Eine kleine Welle
rollt durch einen See.
Plötzlich kommt ein Felsen
und sie bricht, oh weh!
Und sie heißt Ola, la Ola.

5. Eine kleine Welle
rollt durch einen Strom.
Doch bei einem Kraftwerk
naht ihr Ende schon.
Und sie heißt Ola, la Ola.

6. Eine kleine Welle
rollt durch's große Meer.
Doch die vielen Stürme
stören sie zu sehr.
Und sie heißt Ola, la Ola.

7. Eine kleine Welle
rollt durch's Stadion.
Endlich ist sie eine
Riesensensation.
Und sie heißt Ola, la Ola.

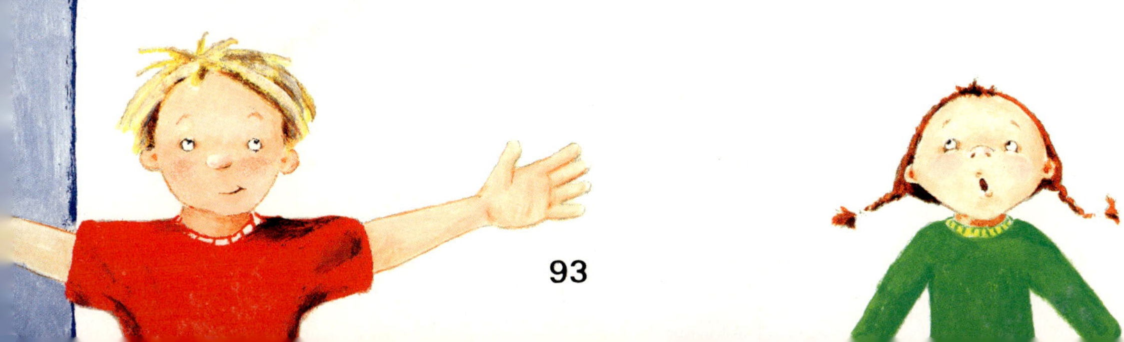

Der Josa war sehr klein

Text und Melodie: Uli Führe

So klingt es, wenn Josa alles größer werden lässt:

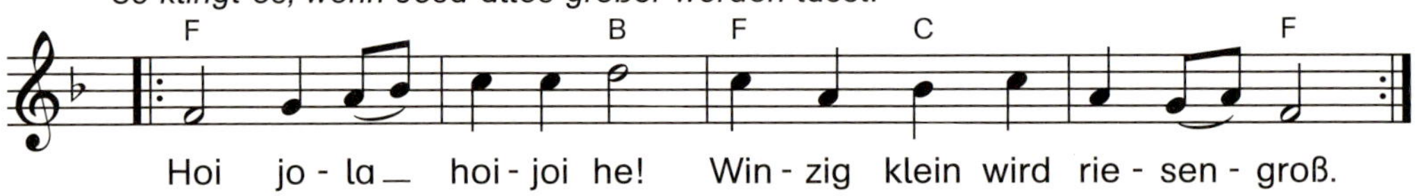

Und so klingt es rückwärts, wenn Josa alles kleiner werden lässt:

Großer König Tinizong

Text und Melodie: Gerda Bächli

Ostinato

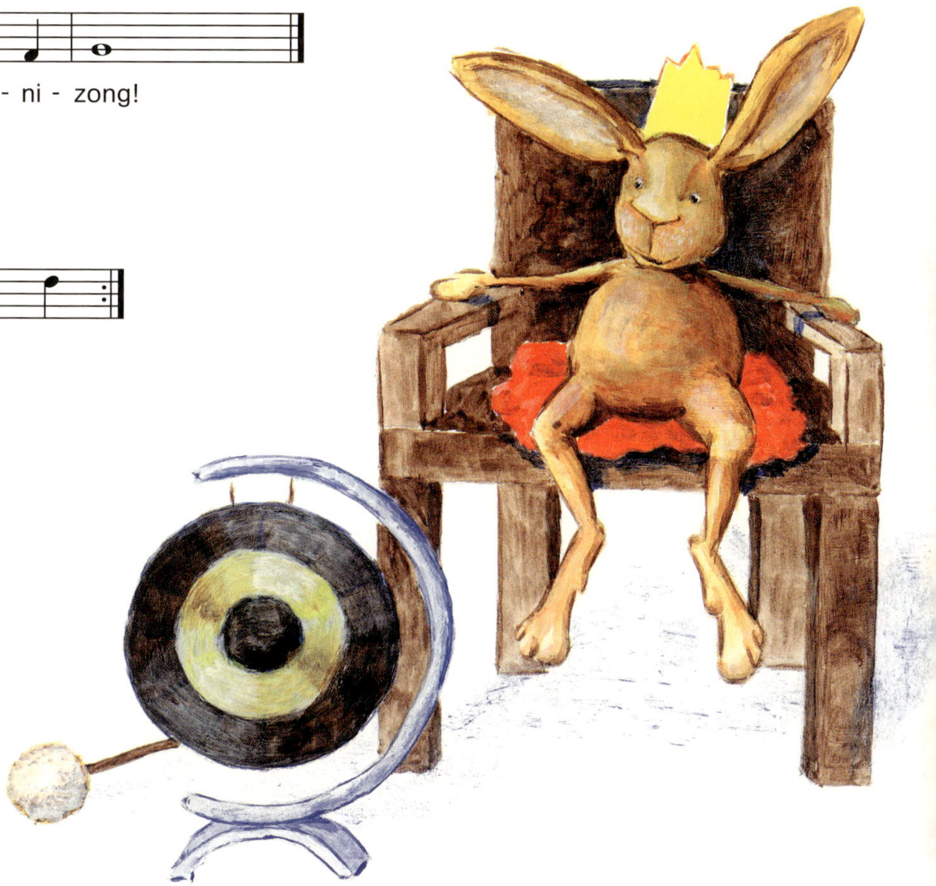

Lütt Matten

Text: Klaus Groth, Melodie: mündlich überliefert

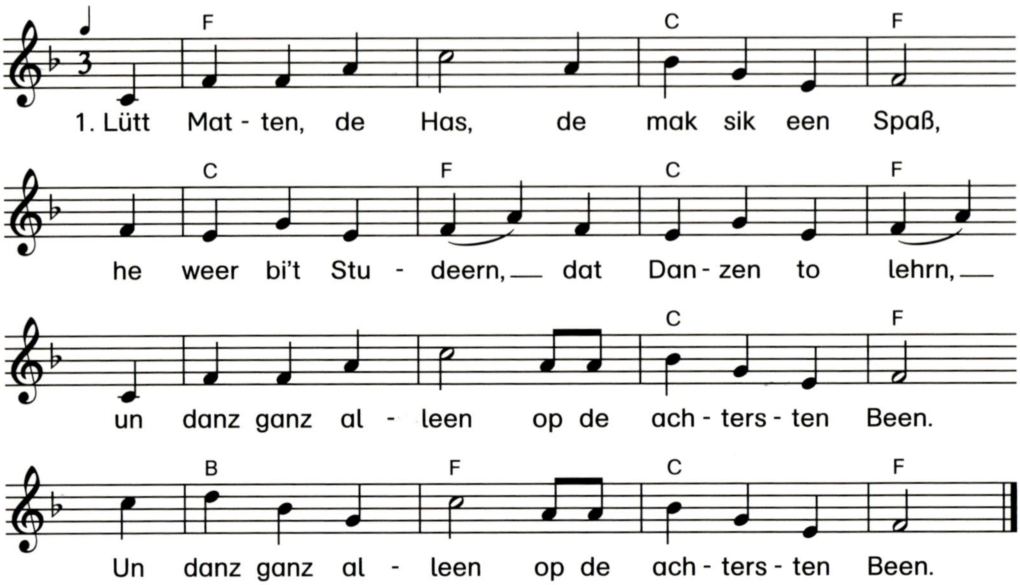

2. Keem Reinke, de Voss, und dach: „Dat's en Kost!"
Un seggt: „Lütt Matten, so flink op de Padden?
‖: Un danzt hier alleen op de achtersten Been? :‖

3. Kumm, lat uns tosam! Ik kann as de Dam.
De Krei, de speelt Fidel, denn geiht dat kandidel,
‖: denn geiht dat mal schön op de achtersten Been!" :‖

4. Lütt Matten geev Pot. De Voss beet em doot
un sett sik in 'n Schatten, verspies' de lütt Matten.
‖: De Krei, de kreeg een vun de achtersten Been. :‖

Der Kuckuck und der Esel

Text und Melodie: mündlich überliefert

2. Der Kuckuck sprach: „Das kann ich!“
und fing gleich an zu schrein.
𝄆 „Ich aber kann es besser!“ 𝄇
𝄆 fiel gleich der Esel ein. 𝄇

3. Das klang so schön und lieblich,
so schön von fern und nah.
𝄆 Sie sangen alle beide: 𝄇
𝄆 „Kuckuck, kuckuck, ia!“ 𝄇

Die Vogelhochzeit

Text und Melodie: mündlich überliefert

2. Die Drossel war der Bräutigam, die Amsel war die Braute.
3. Die Lerche, die Lerche, die führt die Braut zur Kerche.
4. Der Wiedehopf, der Wiedehopf, der schenkt der Braut ’nen Blumentopf.
5. Der Spatz, der kocht das Hochzeitsmahl, verzehrt die schönsten Bissen all.
6. Die Gänse und die Anten, das sind die Musikanten.
7. Der Pfau mit seinem bunten Schwanz, der führt die Braut zum ersten Tanz.
8. Brautmutter war die Eule, nimmt Abschied mit Geheule.
9. Frau Kratzefuß, Frau Kratzefuß gibt allen einen Abschiedskuss.
10. Nun ist die Vogelhochzeit aus, und alle ziehn vergnügt nach Haus.

Elefant und Maus

Text und Rhythmus: Uli Führe © Klett

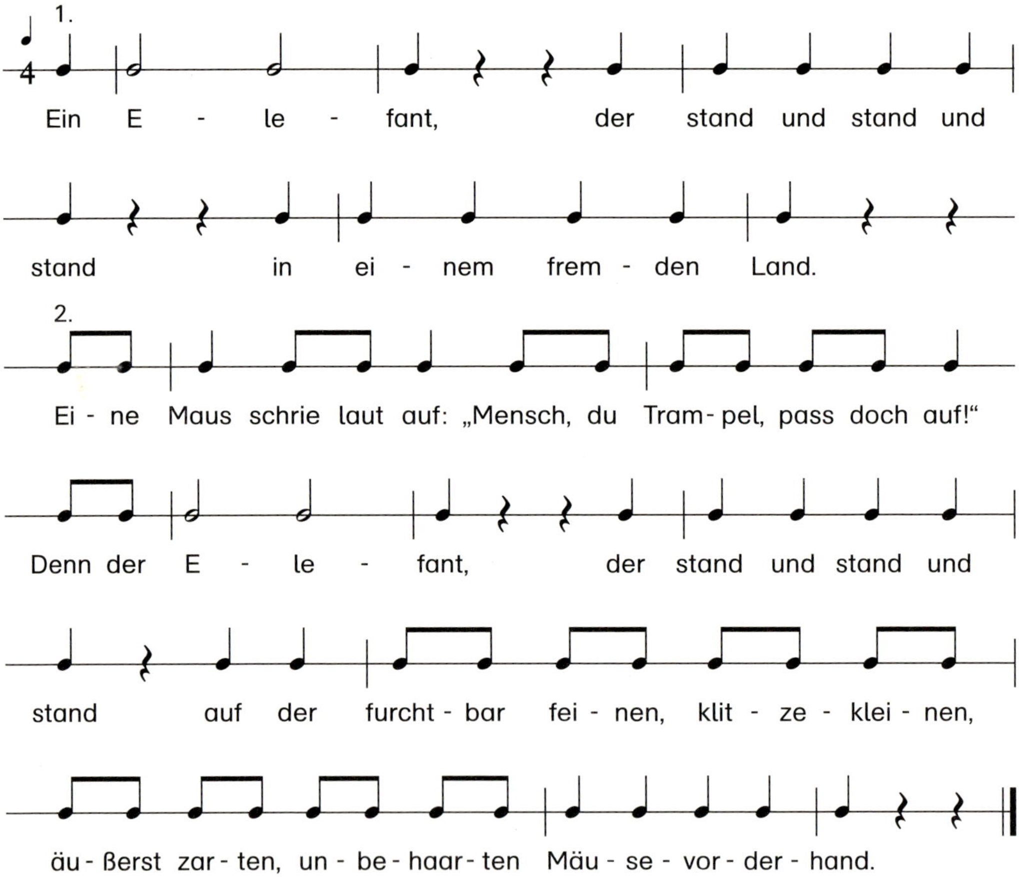

Auf der Mauer

Text und Melodie: mündlich überliefert

Jetzt fahrn wir übern See

Text und Melodie: mündlich überliefert

2. Und als wir drüber warn,
   da sangen alle Vöglein,
   der helle Tag brach an.

3. Der Jäger blies ins Horn,
   da bliesen alle Jäger,
   ein jeder in sein Horn.

4. Das Liedlein, das ist aus,
   und wer das Lied nicht singen kann,
   der fang von vorne an.

Kumbayah, my Lord

Text und Melodie:
nach einem afrikanischen Abendgebet

2. Someone's crying, Lord, kumbayah.
3. Someone's singing, Lord, kumbayah.
4. Someone's praying, Lord, kumbayah.

Masithi Amen

Text und Melodie: aus Südafrika

He's got the whole world

Text und Melodie: aus den USA (Spiritual)

2. He's got the tiny little baby in his hands.
3. He's got the you and me brother in his hands.
4. He's got the son and his father in his hands.
5. He's got the mother and her daughter in his hands.
6. He's got the sun and the moon in his hands.
7. He's got everybody here in his hands.

Come si pianta

Text und Melodie: aus Italien

2. Come si cresce la bella polenta?
La bella polenta si cresce così:
Si pianta così, si cresce così,
cresce la bella polenta così.

3. Come si fiore la bella polenta?
la bella polenta si fiore così:
Si pianta così, si cresce così,
si fiore così, fiore la bella ...

4. Come si taglia ...

5. Come si muola ...

6. Come si cuoce ...

7. Come si mangia ...

8. Come si gusta la bella polenta?
La bella polenta si gusta così:
Si pianta, si cresce, si fiore,
si taglia, si muola, si cuoce, si mangia,
si gusta, gusta la bella polenta così!

Unüberhörbar

Bin ganz Ohr

Text und Melodie: Dorothée Kreusch-Jacob

Bin ganz Ohr und bin ganz still ...

2. Hör das Flüstern in den Zweigen,
Mücken tanzen ihren Reigen.

Bin ganz Ohr und bin ganz still ...

3. Hör den Wind durch Gräser wehn,
kann die Wolken ziehen sehn.

Bin ganz Ohr und bin ganz still ...

4. Trauerweide wäscht ihr Haar,
erzählt dem See, wie's damals war.

Bin ganz Ohr und bin ganz still ...

5. Ins stille Wasser fällt ein Stein
und zaubert Ring für Ring hinein.

Bin ganz Ohr und bin ganz still ...

Begleitung

Hör mal, wie die Regentropfen

Text und Melodie: Susanne Peter-Führe

2 Hör mal, wie die Regentropfen auf die Dächer springen,
auf die Dächer, auf die Dächer springen sie jetzt immer frecher:
tonke tanke tonke tanke
tonke tanke tonke tanke tonk!

3. Hör mal, wie die Regentropfen an die Fenster klopfen,
an die Fenster, an die Fenster klopfen sie wie die Gespenster:
tecke ticke tecke ticke
tecke ticke tecke ticke teck!

4. Hör mal, wie die Regentropfen in den Gulli kullern,
in den Gulli, in den Gulli kullern sie ganz ungeduldig:
guggelgoggel guggelgoggel
guggelgoggel guggelgoggel gugg!

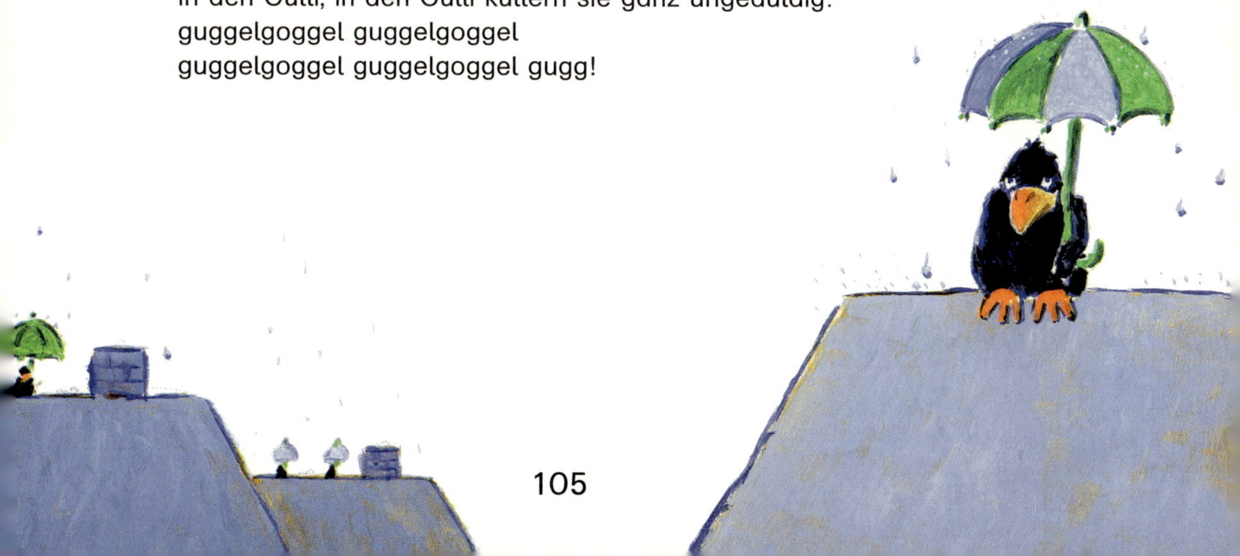

Schnee fällt leis

Textfassung: Heinrich Winterhoff
Melodie: aus Ungarn © Fidula

Chioni chionisse

Text und Melodie: aus Griechenland

Schlaf, mein Kindlein

Textfassung: Helmut Barbe
Melodie: aus Russland © Merseburger

Noniehie

Text und Melodie: aus den USA (indianisch)

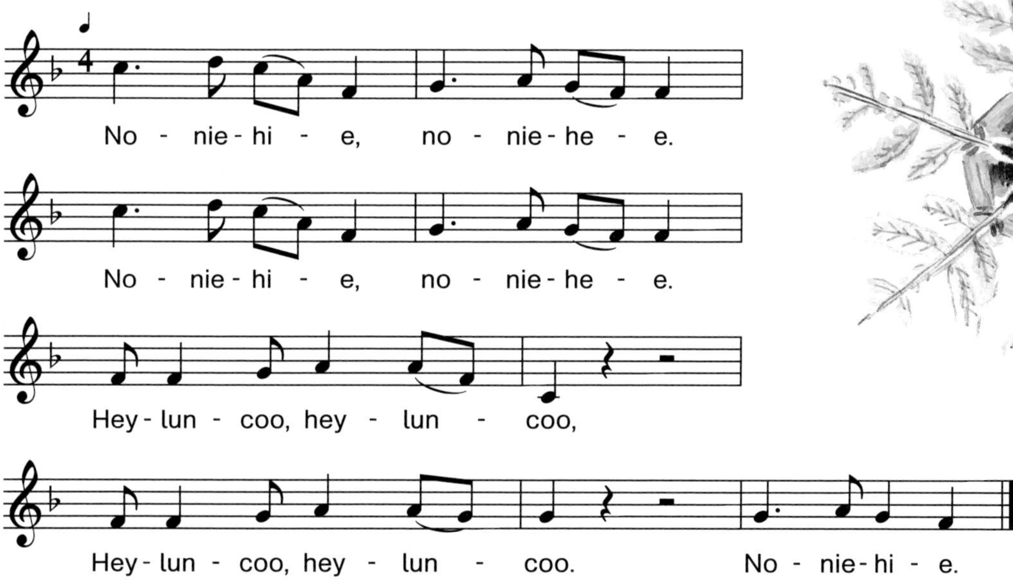

Begleitung

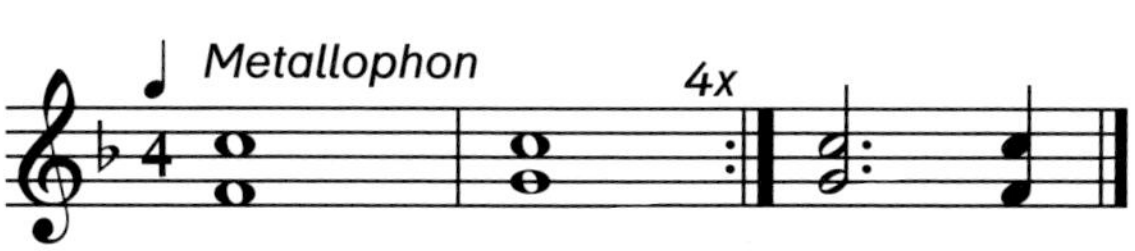

Ostinato

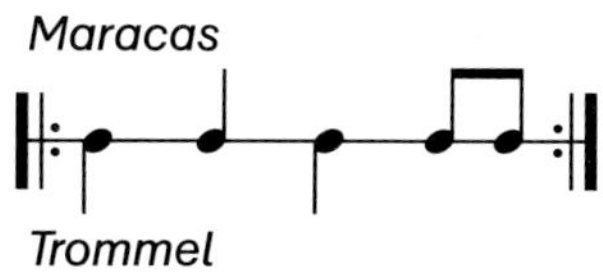

Sieben Schwalben

Text: Ursula Wölfel
Melodie: Heinz Lemmermann © Fidula

2. Siebzig Schwalben! Hin und her flattern sie und schrein und schrein:
Übers Meer! Übers Meer! Bald wird Winter sein!

3. Siebenhundert Schwalben! Weit ziehn sie fort und schrein und schrein:
Es ist Zeit! Es ist Zeit! Bald wird Winter sein!

Der Hahn läuft im Hühnerhof

Text: Fredrik Vahle
Melodie: mündlich überliefert
© Aktive Musik

2. Das Huhn scharrt herum auf dem Hühnerhof
und denkt sich, der Hahn ist schön bunt, doch doof,
und das Huhn hör ich kakeln ...
und der Hahn auf dem Mist, der singt: Kokidudeldu ...

3. Die Ente, die watschelt am Mist vorbei
und sagt sich, der Kerl legt nicht mal ein Ei,
und die Ente, die hör ich ..., und das Huhn ...
und der Hahn auf dem Mist, der singt: Kokidudeldu ...

4. Die Katze, die guckt aus dem Kellerloch
und ruft: Ihr vertreibt mir die Mäuse noch,
und die Katze, die hör ich ..., und die Ente ..., und das Huhn ...
und der Hahn auf dem Mist, der singt: Kokidudeldu ...

5. Der Hund, der nagt grad einen Knochen ab,
den hat er der Bauersfrau weggeschnappt,
und den Hund hör ich bellen ...,
und die Katze ..., und die Ente ..., und das Huhn ...
und der Hahn auf dem Mist, der singt: Kokidudeldu ...

6. Herrje, wie das Schwein wieder grunzt und quiekt,
als hätte ihm wer in den Po gepiekt,
und das Schwein hör ich grunzen ...,
und den Hund ..., und die Katze ...,
und die Ente ..., und das Huhn ...
und der Hahn auf dem Mist, der singt: Kokidudeldu ...

7. Der Goldfisch, der schwimmt im Aquarium
den ganzen Tag nur im Kreis herum,
und der Goldfisch der schwimmt und macht ...,
und das Schwein ..., und den Hund ..., und die Katze ...,
und die Ente ..., und das Huhn ...
und der Hahn auf dem Mist, der singt: Kokidudeldu ...

8. Der Bauer, der ruht sich vorm Fernseher aus,
er hat so viel Arbeit tagein, tagaus,
und schon schläft er ein und macht ...
gesprochen: Und im Traum hört er die Tiere alle ganz, ganz leise:
Und den Goldfisch, den hört er ...,
und das Schwein hört er grunzen ...,
und den Hund hört er bellen,
und die Katze, die hört er ..., und die Ente, die hört er ...,
und das Huhn hört er kakeln ...
und der Hahn auf dem Mist, der singt: Kokidudeldu ...

Old MacDonald had a farm

Text und Melodie: aus den USA

2. ... And on his farm he had some ducks.
With a quack-quack here ...

3. ... And on his farm he had a cow.
With a moo-moo here ...

4. ... And on his farm he had a dog.
With a woof-woof here ...

5. ... And on his farm he had a pig.
With an oink-oink here ...

6. ... And on his farm he had a car.
With a rattle-rattle here ...

Ali Baba

Text und Melodie: Erdoğan Caplı
deutsche Textfassung: Irmgard Merkt

2. Ali babanın bir çiftliği var.
Çiftliğinde köpekleri var.
Hav, hav, diye bağırır.
Çiftliğinde Ali babanın.

3. Ali babanın bir çiftliği var.
Çiftliğinde ördekleri var.
Vak, vak, diye bağırır.
Çiftliğinde Ali babanın.

4. Ali babanın bir çiftliği var.
Çiftliğinde inekleri var.
Mu, mu, diye bağırır.
Çiftliğinde Ali babanın.

5. Ali babanın bir çiftliği var.
Çiftliğinde arıları var.
Vız, vız, diye bağırır.
Çiftliğinde Ali babanın.

2. Wer will mit uns zu Ali Baba gehn?
Viele Tiere gibt es dort zu sehn.
Wau, wau, die Hunde machen so,
auf Alis Bauernhof, da sind sie froh.

3. Wer will mit uns zu Ali Baba gehn?
Viele Tiere gibt es dort zu sehn.
Wak, wak, die Enten machen so,
auf Alis Bauernhof, da sind sie froh.

4. Wer will mit uns zu Ali Baba gehn?
Viele Tiere gibt es dort zu sehn.
Muh, muh, die Kühe machen so,
auf Alis Bauernhof, da sind sie froh.

5. Wer will mit uns zu Ali Baba gehn?
Viele Tiere gibt es dort zu sehn.
Summ, summ, die Bienen machen so,
auf Alis Bauernhof, da sind sie froh.

In dem Laden von Meister André

Text und Melodie: aus Portugal
deutsche Textfassung:
M. Steffen-Wittek © Klett

2. In dem Laden von Meister André
kauf ich mir ein Pi-Pa-Piano.
Pinge pange pong pong Pi-Pa-Piano.
Tui wi di wi tui tui Fli-Fla-Flöte.
Ai ole, ...

3. In dem Laden von Meister André
kauf ich mir eine Tri-Tra-Trommel.
Trimme tramme trom trom Tri-Tra-Trommel.
Pinge pange pong pong Pi-Pa-Piano.
Tui wi di wi tui tui Fli-Fla-Flöte.
Ai ole, ...

4. In dem Laden von Meister André
kauf ich mir ein Ci-Ca-Cello.
Tschimme tschamme tschem tschem Ci-Ca-Cello.
Trimme tramme trom trom Tri-Tra-Trommel.
Pinge pange pong pong Pi-Pa-Piano.
Tui wi di wi tui tui Fli-Fla-Flöte.
Ai ole, ...

Ein Hund, ein Zug und ein Klavier

Text und Melodie: Uli Führe

Ja, so ein Zimmer

Text und Melodie: Gerda Bächli

Da steht mein Computer

Text und Rhythmus: Marianne Steffen-Wittek

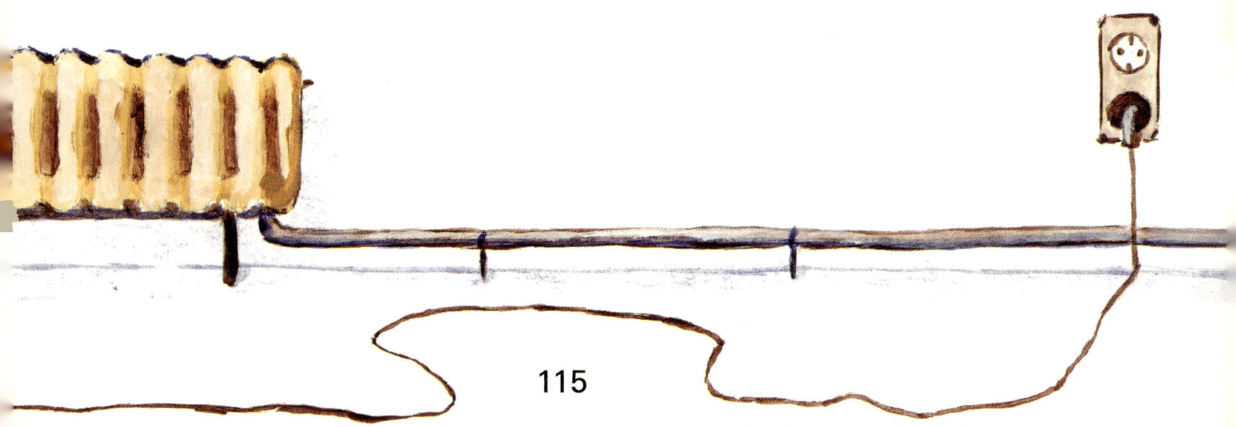

Es war einmal ein Wasserhahn

Text: Klaus W. Hoffmann
Melodie: Hoffmann/Mika

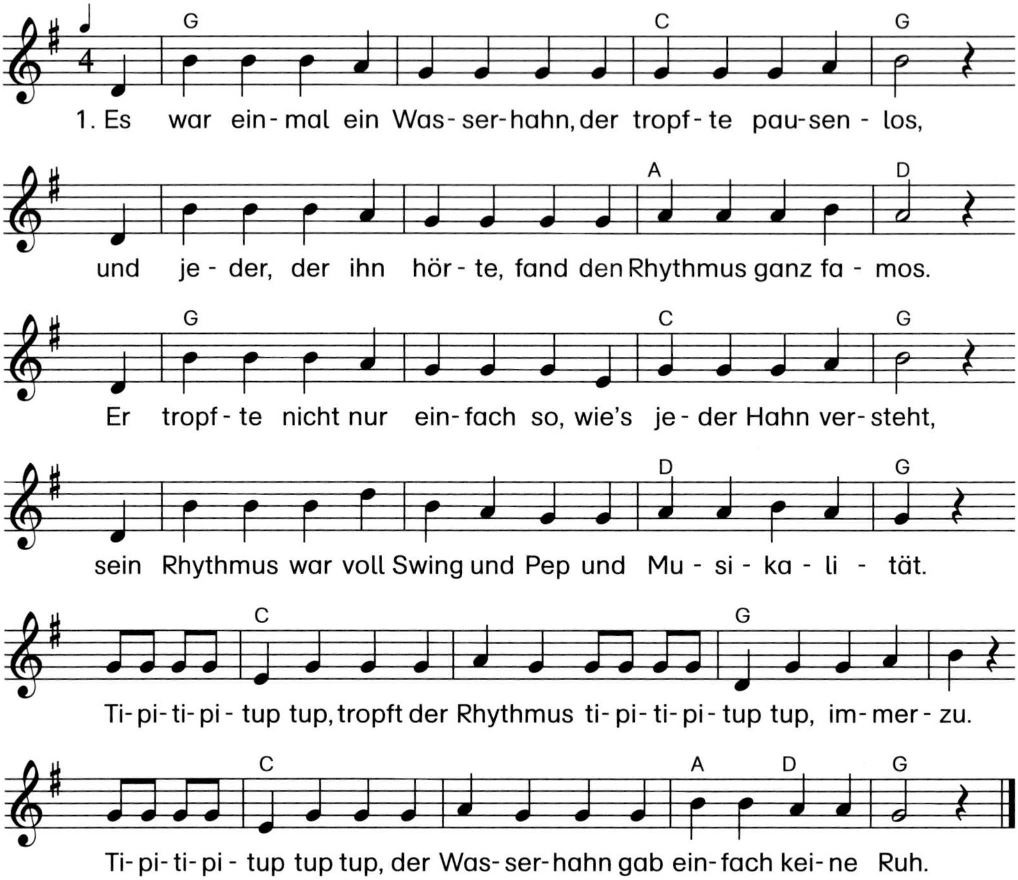

2. Die Tassen applaudierten, und das Handtuch rief entzückt:
„Dein Rhythmus, lieber Wasserhahn, klingt ja total verrückt!"
Die Messer und die Gabeln tanzten quietschvergnügt umher,
und auch dem alten Suppentopf gefiel der Rhythmus sehr.
Tipi-tipi-tup-tup, tropft der Rhythmus ...

3. Der Flötenkessel tanzte mit und pfiff die Melodie.
Die Teller klapperten im Takt mit sehr viel Phantasie.
Die Töpfe schepperten im Schrank, die Gläser klirrten leis,
der Abfalleimer rülpste laut und drehte sich im Kreis.
Tipi-tipi-tup-tup, tropft der Rhythmus ...

4. Da sprach die alte Küchenuhr, dass ihr der Takt gefällt,
und hat ihr Ticken auf den Wasserrhythmus umgestellt.
Auf einmal war es mäuschenstill, der Klempner kam herein.
Der Wasserhahn wurd repariert und ließ das Tropfen sein.
Tipi-tipi-tup-tup, träumt der Wasserhahn, so träumt er immerzu.
Tipi-tipi-tup-tup, träumt der Wasserhahn und findet keine Ruh.

Ich sitze auf dem Rücksitz

Text und Musik: Marianne Steffen-Wittek

Begleitung zu beiden Teilen

Nussrondo

Text und Rhythmus: Herby Neumann

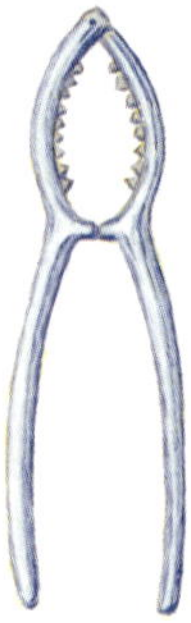

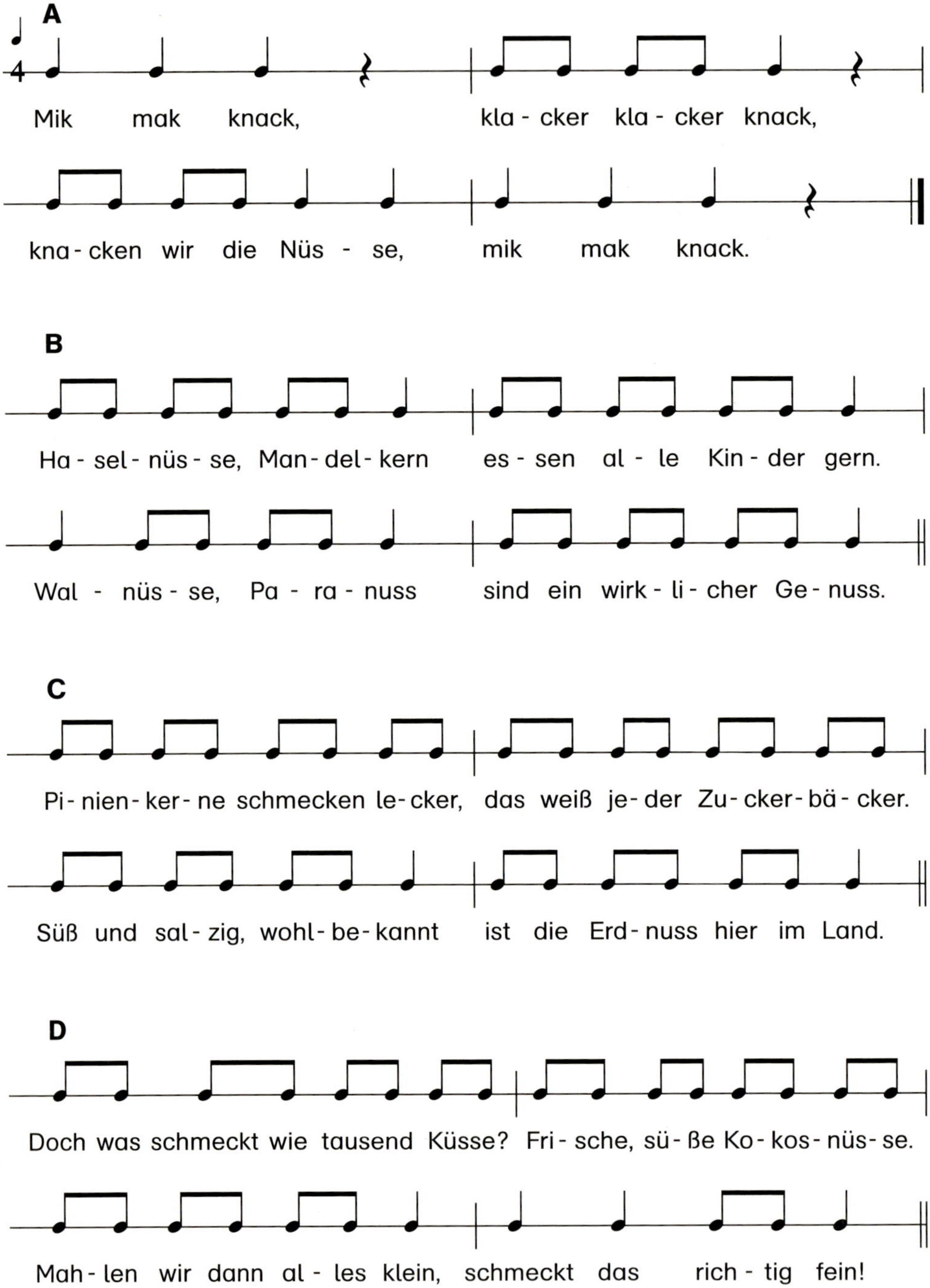

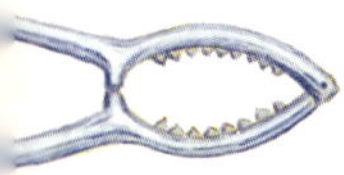

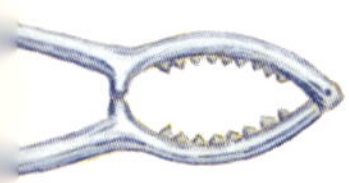

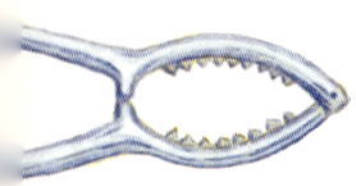

Hell und dunkel

Wenn es zwölf geschlagen hat

Text und Melodie: Gerda Bächli

Ostinato

Wer hat die schönsten Schäfchen

Text: H. Hoffmann von Fallersleben
Melodie: Johann F. Reichardt

2. Er kommt am späten Abend,
wenn alles schlafen will,
hervor aus seinem Hause
am Himmel leis und still.

3. Dann weidet er die Schäfchen
auf seiner blauen Flur;
denn all die weißen Sterne
sind seine Schäfchen nur.

Zwei kleine Wölfe

Text und Melodie: Verfasser unbekannt
Textfassung: Werner Rizzi © Fidula

Der Mond ist aufgegangen

Text: Matthias Claudius
Melodie: Johann Abraham P. Schultz

2. Wie ist die Welt so stille
und in der Dämmrung Hülle
so traulich und so hold!
Als eine stille Kammer,
wo ihr des Tages Jammer
verschlafen und vergessen sollt.

3. Seht ihr den Mond dort stehen?
Er ist nur halb zu sehen
und ist doch rund und schön.
So sind wohl manche Sachen,
die wir getrost belachen,
weil unsre Augen sie nicht sehn.

4. So legt euch denn, ihr Brüder,
in Gottes Namen nieder;
kalt ist der Abendhauch.
Verschon uns, Gott, mit Strafen,
und lass uns ruhig schlafen
und unsern kranken Nachbarn auch.

Weißt du, wie viel Sternlein stehen

Text und Melodie: mündlich überliefert

Alle Birnenbäumchen

Text und Melodie: mündlich überliefert

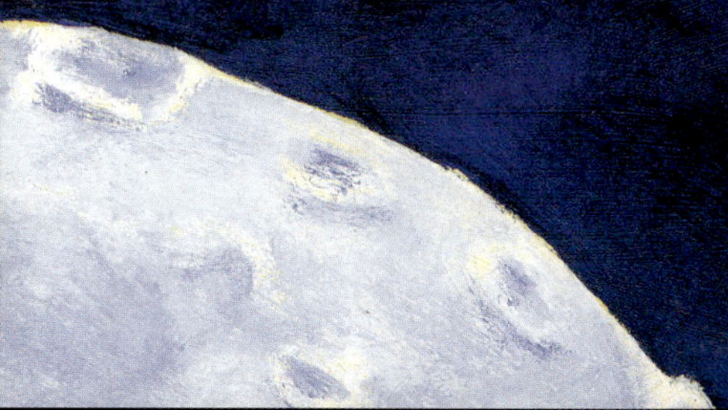

Der Sommer, der Sommer

Text und Melodie: mündlich überliefert

Autumn comes

Text und Melodie: aus England
dt. Textfassung: Hannes Kraft © Möseler

2. Herbst ist da, es ruhet die Zeit,
klagendes Lied wird still.
Will nichts mehr fragen,
will nichts mehr sagen,
Welt hat ein End und Ziel.

Der Herbst ist da

Text und Melodie: Hans R. Franzke

2. Der Herbst, der Herbst,
der Herbst ist da!
Er bringt uns Obst, hei hussassa!
Macht die Blätter bunter,
wirft die Äpfel runter.
Heia hussassa, der Herbst ist da!

3. Der Herbst, der Herbst,
der Herbst ist da!
Er bringt uns Spaß, hei hussassa!
Rüttelt an den Zweigen,
lässt die Drachen steigen.
Heia hussassa, der Herbst ist da!

Bunt sind schon die Wälder

Text: J. G. v. Salis-Seewis
Melodiefassung: Willi Gundlach

Leer sind die Felder

Textfassung: Gerhard Bünemann
Melodie: aus Dänemark © Möseler

Hejo, spann den Wagen an

Text und Melodie: mündlich überliefert

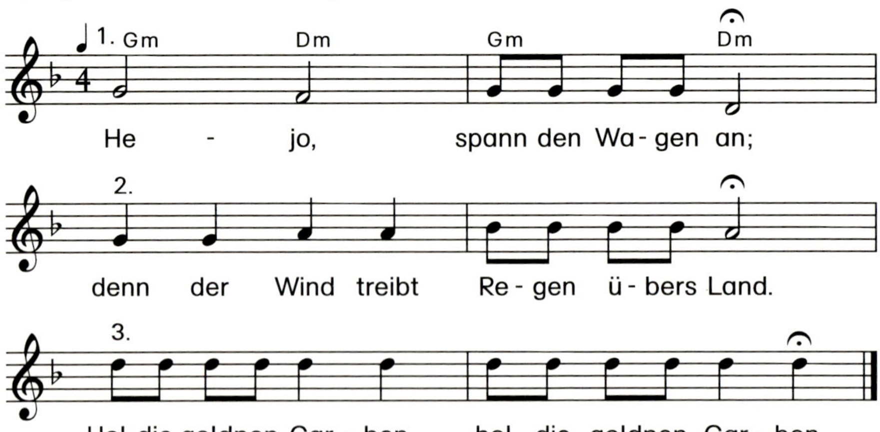

Es war eine Mutter

Text und Melodie: mündlich überliefert

2. Der Frühling bringt Blumen, der Sommer den Klee,
der Herbst, der bringt Trauben, der Winter den Schnee.

Durch die Straßen auf und nieder

Text: Lieselotte Holzmeister
Melodie: Richard R. Klein © Fidula

2. Wie die Blumen in dem Garten blühn Laternen aller Arten:
3. Und wir gehen lange Strecken mit Laternen an den Stecken:

Leuchte, leuchte, kleine Laterne

Text und Melodie: Rudolf Nykrin
© Schott

2. Blinke, blinke, kleine Laterne,
blinke wie ein heller Stern.
Leute schauen aus dem Fenster,
Sterne haben alle gern.

3. Glänze, glänze, kleine Laterne,
glänze hell in dieser Nacht.
Zwischen großen, grauen Häusern
strahlt heut eine Lichterpracht.

4. Wiege, wiege, kleine Laterne,
wieg dich sanft in dunkler Nacht.
Kleines Schiff aus Lichterschein,
sollst mein Weggefährte sein.

Sankt Martin

Text und Melodie: mündlich überliefert

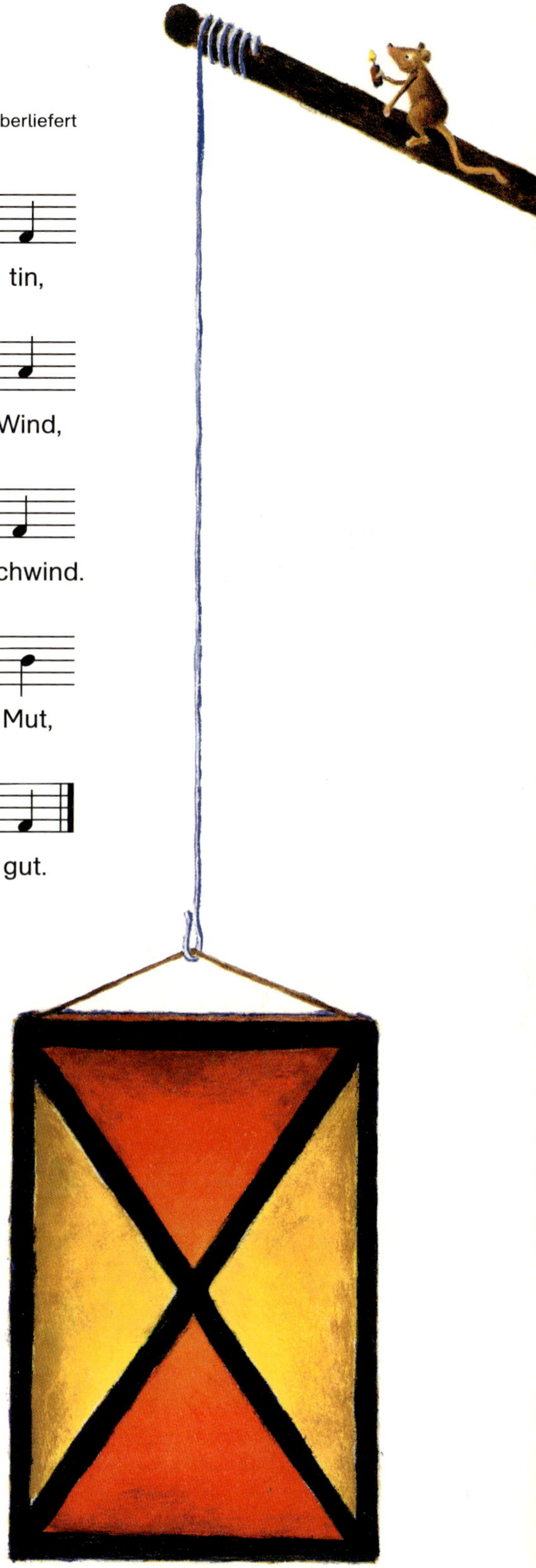

2. Im Schnee saß, im Schnee saß,
im Schnee da saß ein armer Mann,
hatt' Kleider nicht, hatt' Lumpen an.
„O helft mir doch in meiner Not,
sonst ist der bittre Frost mein Tod!"

3. Sankt Martin, Sankt Martin,
Sankt Martin zog die Zügel an,
das Ross stand still beim armen Mann.
Sankt Martin mit dem Schwerte teilt
den warmen Mantel unverweilt.

4. Sankt Martin, Sankt Martin,
Sankt Martin gab den halben still,
der Bettler rasch ihm danken will.
Sankt Martin aber ritt in Eil
hinweg mit seinem Mantelteil.

Nebel, Nebel, weißer Hauch

Text: A. Blume
Melodie: Walter Pudelko © Bärenreiter

Nebel legt sich übers Land

Text und Melodie: Meinhard Ansohn
© Ansohn

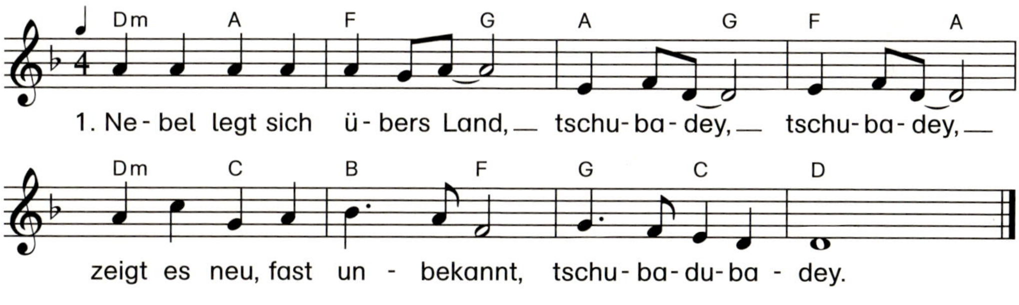

2. Bäume hüllt er sorgsam ein, sibaya, sibaya,
auch den fernen Lichterschein, sibayabadey.

3. Kommt, wenn man grad nicht dran denkt, jebaho, jebaho.
Wer ihn liebt, wird traumbeschenkt, jebahobadey.

4. Nebel steigt vom Wasser auf, guweyu, guweyu,
treibt sich um im Jahreslauf, guweyubadey.

Die alte Moorhexe

Text: Margarete Jehn, Melodie: Wolfgang Jehn

2. Gegen Mitternacht jedoch
fährt sie in ihr Hexenloch,
füttert ihre sieben Schlangen,
bringt den schnellen, starken, langen
Hexenbesen in den Stall,
scharrt und raschelt überall;
hält die ganze Welt für dumm,
hext herum, hext herum.
Hu! Hu!

3. Bei dem Spuk in Moor und Sumpf
ging verlorn ihr Ringelstrumpf;
jener rote linksgestrickte
Strumpf, den ihre Schwester schickte,
hängt in einer Birke drin,
flattert einsam vor sich hin;
hält die ganze Welt für dumm,
hext herum, hext herum.
Hu! Hu!

Eine alte Hexe

Text und Melodie: Ulrike Berger
© Bosse

Jono wisi
hiwi kei
wisi heino
kimi nei
lamu kasto
niki nei
simu lanka
wer's auch sei!

Diggi daggi
schurri murri
horum harum
lirum larum
randi mandi
giri gari posito
besti basti Saron froh
fatto matto quid pro quo!

Dracula Rock 'n' Roll

Text und Melodie: Fredrik Vahle

Gruselett

Christian Morgenstern

Der Flügelflagel gaustert
im Wiruwaruwolz.
Die rote Fingur plaustert,
und grausig gutzt der Golz.

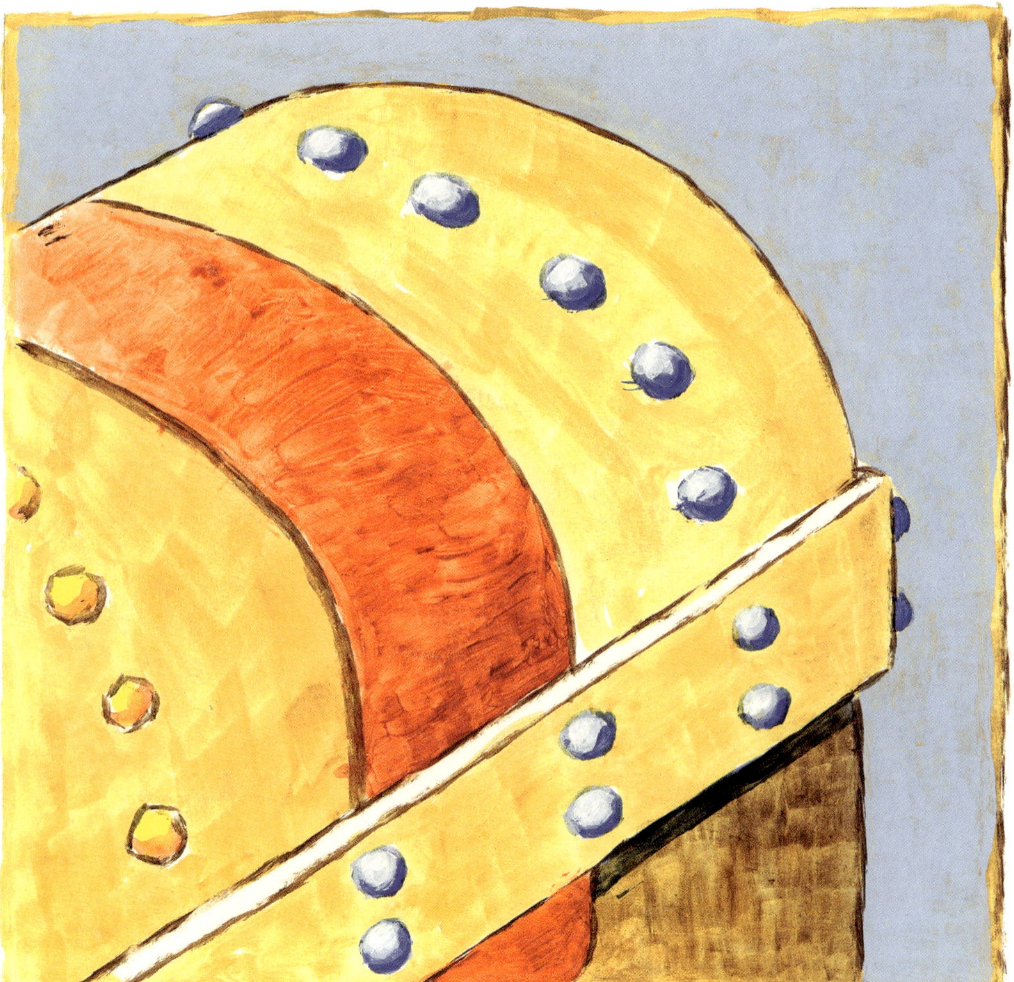

Weihnachtsfreude

Knusper knäuschen

Text und Melodie: mündlich überliefert

Lasst uns froh und munter sein

Text und Melodie: mündlich überliefert

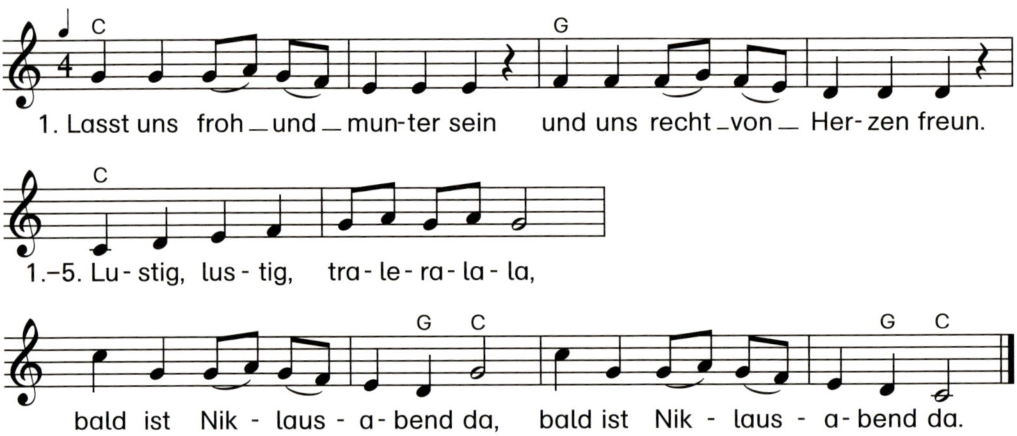

2. Dann stell ich den Teller auf,
   Niklaus legt gewiss was drauf.

3. Wenn ich schlaf, dann träume ich:
   Jetzt bringt Niklaus was für mich.

4. Wenn ich aufgestanden bin,
   lauf ich schnell zum Teller hin.

5. Niklaus ist ein guter Mann,
   dem man nicht g’nug danken kann.

In der Weihnachtsbäckerei

Text und Melodie: Rolf Zuckowski

2. Brauchen wir nicht Schokolade,
Honig, Nüsse und Sukkade
und ein bisschen Zimt? Das stimmt!
Butter, Mehl und Milch verrühren,
zwischendurch einmal probieren,
und dann kommt das Ei – vorbei.

3. Bitte mal zur Seite treten,
denn wir brauchen Platz zum Kneten.
Sind die Finger rein? Du Schwein!
Sind die Plätzchen, die wir stechen,
erst mal auf den Ofenblechen,
warten wir gespannt – verbrannt.

Es kommt ein Schiff

Text und Melodie:
aus dem Andernacher Gesangbuch (1608)

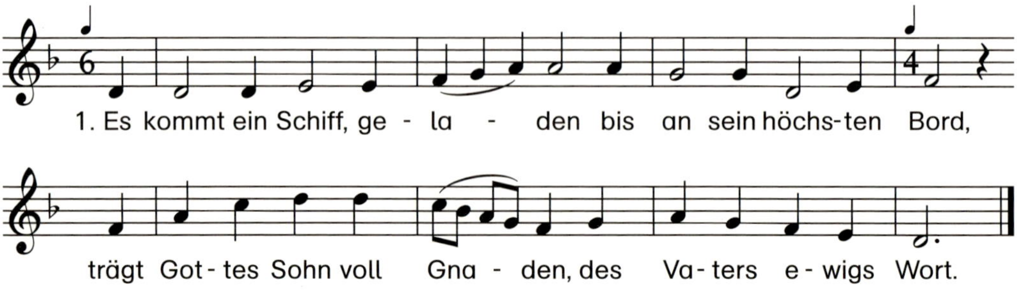

2. Das Schiff geht still im Triebe,
es trägt ein' teure Last;
das Segel ist die Liebe,
der Heilig Geist der Mast.

3. Der Anker haft' auf Erden,
da ist das Schiff an Land.
Das Wort tut Fleisch uns werden,
der Sohn ist uns gesandt.

4. Zu Bethlehem geboren
im Stall ein Kindelein,
gibt sich für uns verloren;
gelobet muss es sein.

Goldnes Blatt vom Himmelsbaum

Textfassung: Margarete Jehn
Melodiefassung: Wolfgang Jehn

2. Unser Jesuskindelein
grüßte ich voll Freude,
grüßte auch die Eltern sein
und die andern Leute.

3. Blieb ich dann der Tage drei
bei dem Kindlein hocken,
tat der Flöte, der Schalmei
süßen Klang entlocken.

Flog ein Vogel

Textfassung: Margarete Jehn
Melodie: aus Bolivien © Worpsweder Musikwerkstatt

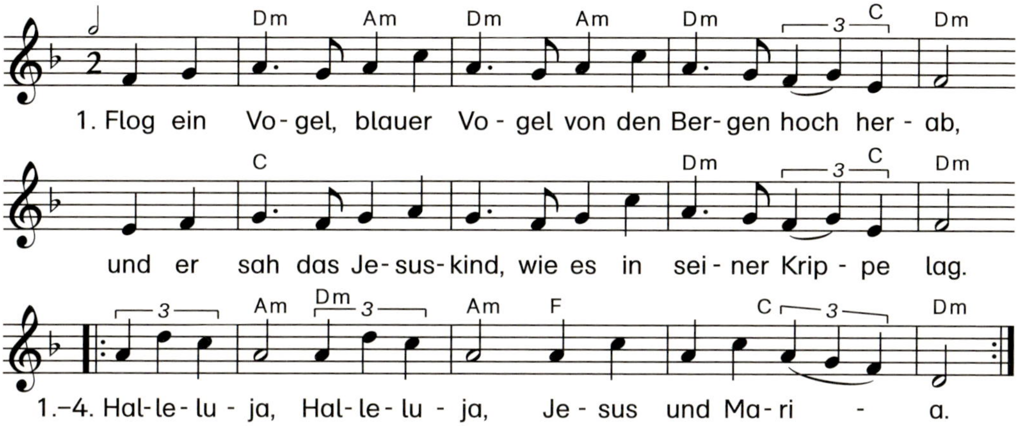

2. Und der Vogel, blaue Vogel
alle andern Vögel rief
zu dem Jesuskind, das ohne Angst
in seiner Krippe schlief.

3. Von dem Lied, dem Lied der Vögel,
sind die Hirten aufgewacht,
haben sich im Licht der Sterne
singend auf den Weg gemacht.

4. Und mit Lachen und mit Tanzen
kamen sie an jenen Stall.
Sang der Vogel, blaue Vogel:
„Ich heiß' euch willkommen all."

Was soll das bedeuten

Text, Melodie und Satz:
mündlich überliefert

2. Treibt zusammen, treibt zusammen die Schäflein fürbass!
Treibt zusammen, treibt zusammen, dort zeig ich euch was:
Dort in dem Stall, dort in dem Stall
werdet Wunderding sehen, treibt zusammen einmal!

3. Ich hab nur ein wenig von weitem geguckt,
da hat mir mein Herz schon vor Freuden gehupft:
Ein schönes Kind, ein schönes Kind
liegt dort in der Krippe bei Esel und Rind.

Kommet, ihr Hirten

Text und Melodie: aus Böhmen

2. Lasset uns sehen
in Bethlehems Stall,
was uns verheissen
der himmlische Schall.
Was wir dort finden,
lasset uns künden,
lasset uns preisen
in frommen Weisen:
Halleluja!

3. Wahrlich, die Engel
verkündigen heut
Bethlehems Hirtenvolk
gar große Freud.
Nun soll es werden
Friede auf Erden,
den Menschen allen
ein Wohlgefallen.
Ehre sei Gott!

dazu:

Melodie: Wilhelm Keller © Fidula

2. Lasset uns sehen
in Bethlehems Stall,
was uns verheissen
der himmlische Schall.
Was wir dort finden, künden:
Halleluja!

3. Wahrlich die Engel
verkündigen heut
Bethlehems Hirtenvolk
gar große Freud.
Nun soll es werden Friede.
Ehre sei Gott!

Josef, lieber Josef mein

Text und Melodie:
mündlich überliefert (15. Jh.)

Josef 2. Gerne, liebe Maria mein,
helf ich dir wiegen das Kindelein,
Gott, der wird mein Lohner sein
im Himmelreich der Jungfrau Sohn Maria.

Begleitung

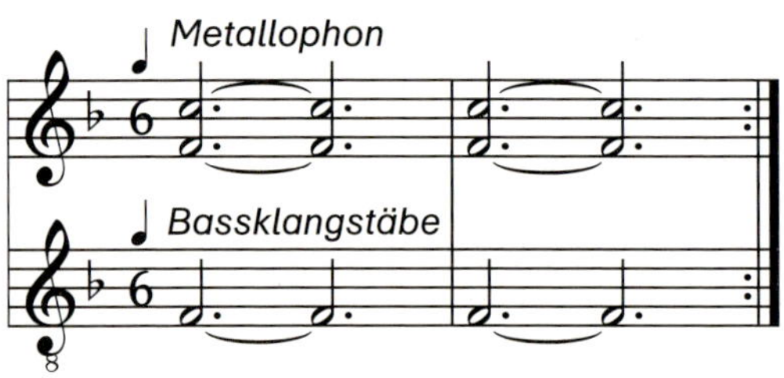

Engel haben Himmelslieder

Textfassung: Lieselotte Holzmeister
Melodie: aus Frankreich © Fidula

2. Hirten, was ist euch begegnet,
dass ihr so voll Jubel seid?
Gott hat heut die Welt gesegnet,
Christ erschien der Erdenzeit.
Gloria in excelsis Deo!

3. Er gibt allen Menschen Frieden,
die des guten Willens sind;
Freude wurde uns beschieden
durch ein neugebornes Kind.
Gloria in excelsis Deo!

In dulci jubilo

Text und Melodie: mündlich überliefert (14. Jh.)

Es ist für uns eine Zeit angekommen

Textfassung: Paul Hermann
Melodie: aus der Schweiz

2. Es schlafen Bächlein und See unterm Eise,
es träumt der Wald einen tiefen Traum.
Durch den Schnee, der leise fällt
wandern wir, wandern wir
durch die weite, weiße Welt.

3. Vom hohen Himmel ein leuchtendes Schweigen
erfüllt die Herzen mit Seligkeit.
Unterm sternbeglänzten Zelt
wandern wir, wandern wir
durch die weite, weiße Welt.

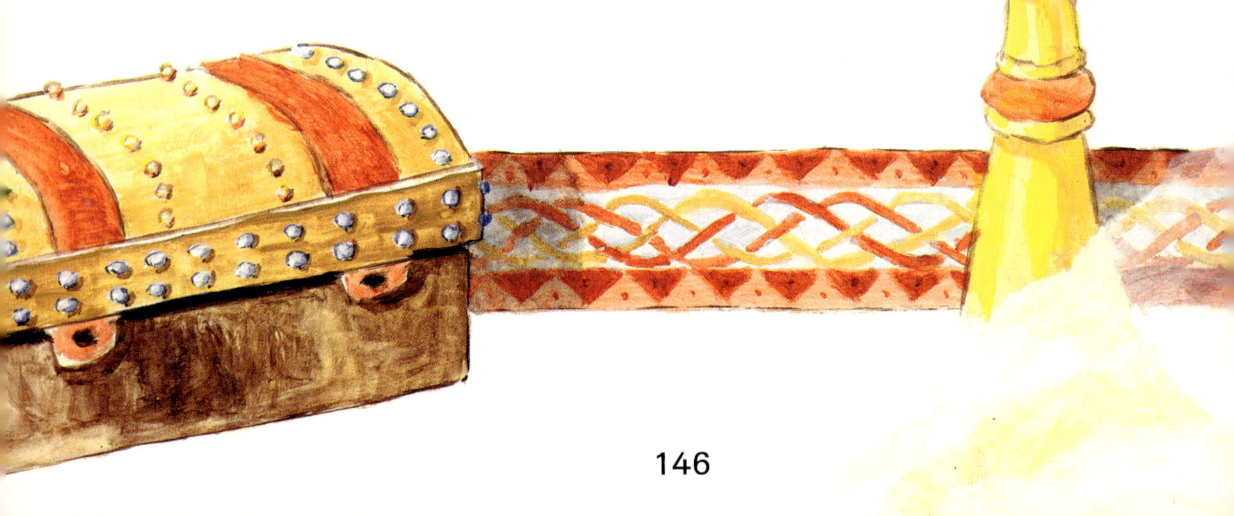

Die Heilgen Drei König

Text und Melodie: mündlich überliefert

2. Die Heiligen Drei König
mit ihrigem Stern;
wir suchen das Kindlein,
den Heiland, den Herrn.

3. Dem Kindlein, dem sind wir
von Herzen so hold;
wir bringen ihm Weihrauch
und Myrrhen und Gold.

4. Lebt wohl nun, ihr Leute,
wir ziehen so fern,
die Heilgen Drei König
mit ihrigem Stern.

Weihnachten lasst uns feiern

Textfassung: Klaus W. Hoffmann
Melodie: aus Schweden © Aktive Musik

2. Rund um den Christbaum geht es,
rund um den Christbaum geht es,
der steht strahlend in der Mitte.
Würd' sicher auch ganz gern mal,
würd' sicher auch ganz gern mal
mit uns tanzen ein paar Schritte.

3. Müssen die Weihnachtstage,
müssen die Weihnachtstage
jedes Jahr so schnell verrinnen?
Sie soll'n bis Ostern dauern,
sie soll'n bis Ostern dauern
und dann wieder neu beginnen.

Jetzt ist Schluss

Fertig, fertig

Text und Melodie: Gerda Bächli © Hug

Begleitung

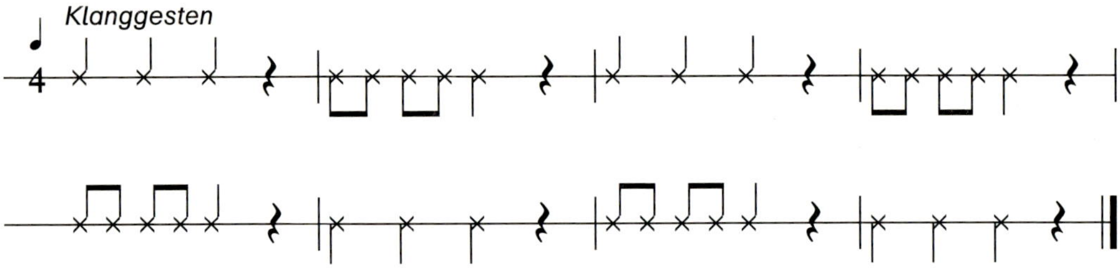

Und nun ist's aus

Text und Melodie: aus dem Schwarzwald

2. Und wenn ich keine Schuh mehr, ... hab,
2. Un wenn i keini Schueh meh, ... han,

3. zieh ich ein paar Pantoffeln, ... an,
3. so leg i's Vaters Schlurbe, ... a,

4. und tanz als wie ein alter, ... Mann.
4. un danz as wie ne alte, ... Ma.

Hambani kahle

Text und Melodie: aus Afrika (Zulu)
dt. Textfassung: Heinz Lemmermann © Fidula

2. Gehn wir in Frieden, gehn wir in Frieden,
gehn wir in Frieden, der Abschied ist gekommen.

Ade zur guten Nacht

Text und Melodie:
mündlich überliefert

Nehmt Abschied, Brüder

Textfassung: Claus Ludwig Laue
Melodie: aus Schottland © Georgs

2. So ist in jedem Anbeginn das Ende nicht mehr weit.
   Wir kommen her und gehen hin, und mit uns geht die Zeit.
   Der Himmel wölbt sich ...

3. Nehmt Abschied, Brüder, schließt den Kreis, das Leben ist ein Spiel,
   und wer es recht zu spielen weiß, gelangt ans rechte Ziel.
   Der Himmel wölbt sich ...

Einigkeit und Recht und Freiheit

Text: H. Hoffmann von Fallersleben
Melodie: Joseph Haydn

Alphabetisches Verzeichnis

Begleitvorschläge stammen, falls nicht anders angegeben, von den Autorinnen und Autoren.
Bärbel Becker S. 12, 106; Uli Führe S. 95; Josef Held S. 144, 150; Irmgard Merkt S. 18;
Herby Neumann S. 57, 60, 61; Marianne Steffen-Wittek S. 42, 48, 53, 62, 85, 87, 104, 107, 119

Quellenverzeichnis

S. 6 Jetzt geht's los; T+M: Uli Führe; aus „Start Ups“, © Fidula Verlag, Boppard.
S. 7 Ach, wie bin ich müde; T: Lore Kleikamp, M: Detlev Jöcker; aus „1,2,3 im Sauseschritt“, © Menschenkinder Verlag, Münster.
S. 9 Wir fangen an; Strophe 1 + M: mündlich überliefert, Strophe 2-4: Susanne Peter-Führe, © Herder Verlag, Freiburg.
S. 10 Guten Morgen; Tf: Peter Fuchs/Willi Gundlach, M: aus England; aus „Unser Liederbuch Schalmei“, © Klett Grundschulverlag, Leipzig.
S. 13 Der Winter ist vorüber; dt. Tf: Lieselotte Holzmeister, © Fidula Verlag, Boppard.
S. 14 Nun scheint die Sonne; Tf: Barbara Heuschober, M: aus Norwegen, © Heuschober.
S. 16 Sonne im Mai; Tf: Kurt Sydow, M: aus England; aus „Bruder Singer“, © Bärenreiter Verlag, Kassel.
S. 16 Heute kam ein Sommerbote; T+M: Hans-Jürgen Bareiss; aus „Pulsschlag“, © Bosse Verlag, Kassel.
S. 20 Ich mag dich so; T: Rolf Krenzer, M: Walter Vahrenkamp, © Kaufmann Verlag, Lahr.
S. 21 Ich schenk dir einen Regenbogen; T+M: Dorothée Kreusch-Jacob, © Patmos Verlag, Düsseldorf.
S. 22 Happy birthday to you; T: Patti Smith-Hill, M: Mildred J. Hill, dt. Tf: E. L. Frauenberger © Warner Chappell L. A. USA, für Deutschland: Musikverlag Intersong, Hamburg.
S. 23 Viel Glück und viel Segen; T+M: Werner Gneist; aus „Kleines Liederbuch“, © Bärenreiter Verlag, Kassel.
S. 24 Nun stell nach hier; Tf: Hiltraud Reckmann, M: aus Brasilien, © Fidula Verlag, Boppard.
S. 26 Der Katzentatzentanz; T+M: Fredrik Vahle, © T: Gertraud Middelhauve Verlag, Köln, M: Aktive Musik Verlagsgesellschaft, Dortmund.
S. 28 In Paule Puhmanns Paddelboot; T+M: Fredrik Vahle; aus „Das Buch mit dem Friedensmaler“, © Aktive Musik Verlagsgesellschaft, Dortmund.
S. 31 Du bist mein Spiegel; T+M: Margarete Jehn / Wolfgang Jehn, © Worpsweder Musikwerkstatt, Worpswede.
S. 34 Nach dieser Erde; dt. Tf: Gerd Kern, M: Don McLean, © Mayday Music Inc. c/o Merit Music, USA, für Deutschland: MCA Music GmbH, Hamburg.
S. 36 Hokey Pokey; Tf: Wolfgang Hering/Bernd Meyerholz, M: Jim Kennedy; aus „Kinderlieder zum Einsteigen und Abfahren“ Band 1, © Connelly Musikverlag Dr. Hans Sikorski, Hamburg.
S. 37 Kennt ihr schon Avignon; dt. Tf: Peter Fuchs, M: aus Frankreich; aus „Unser Liederbuch Schalmei“, © Klett Grundschulverlag, Leipzig.
S. 37 Kennt ihr nicht den Muschelmann; Tf+Mf: Katharina Kemming; aus „Unser Liederbuch Schalmei“, © Kemming.
S. 38 Schläft der Bär; Tf: Margarete Jehn, M: mündlich überliefert, © Worpsweder Musikwerkstatt, Worpswede.
S. 39 Nheco nheco; T+M: José Posada; aus „Carnavaleto“, © Fidula Verlag, Boppard.
S. 47 Länder sind zum Reisen da; Tf: Ruth und Björn Tischler, M: aus den USA, © Verlag R.-D. Balsies, Kiel.
S. 49 Will ein lustig Liedlein bringen; dt. Tf: Fritz Schröder, M: aus Italien; aus „Europäische Volkslieder“, © Ravensburger Buchverlag Otto Maier, Ravensburg.
S. 53 Ja, so machen sie's; Tf: Margit Möckl, M: aus Frankreich, © Möckl.
S. 54 Die freche Spinne; T: Susanne Peter-Führe (bearbeitet); aus „Rhythmik mit allen Sinnen“, © Herder Verlag, Freiburg.
S. 55 Imse Wimse Spinne; Tf: Margarete Jehn, M: aus den USA, © Worpsweder Musikwerkstatt, Worpswede.
S. 55 Ein Elefant, der balancierte; Tf: Fredrik Vahle, M: aus Spanien; aus „Der Liederspatz“, © Aktive Musik Verlagsgesellschaft, Dortmund.
S. 56 Die zehn Indianer; T+M: aus England, dt. Tf: Gerhard Schöne, © Schöne.
S. 58 Der Trommelkönig von Kalimbo; T+M: Uli Führe; aus „Mobo Djudju“, © Fidula Verlag, Boppard.
S. 59 Coco tschi Coconut; T+M: Herby Neumann, © Fidula Verlag, Boppard.
S. 66 Wenn ich glücklich bin; T+M: Klaus W. Hoffmann; aus „Wie kommt die Maus in die Posaune“, © Aktive Musik Verlagsgesellschaft, Dortmund.
S. 67 Mein kleiner Seehund; T+M: Martin Geck; aus „ABC-Tierlieder zum Mitmachen“, © Cornelsen Verlag, Berlin.
S. 68 Tante Trude Trippelstein; T: Lea Smulders, M: Heinz Lemmermann; aus „Die Sonnenblume“, © Fidula Verlag, Boppard.
S. 69 Wir denken nicht daran; T+M: Ulrike Meyerholz/Bernd Meyerholz; aus „Kinderlieder zum Einsteigen und Abfahren“ Band 1, © U. u. B. Meyerholz.
S. 70 Der Dachs; T: Josef Guggenmos, M: Martin Geck; aus „Singt und spielt“, © T: Bitter Verlag, Recklinghausen, M: Cornelsen Verlag, Berlin.
S. 71 Der Papagei ein Vogel ist; T+M: Peter Ehlebracht, © Ehlebracht.
S. 72 Eins, zwei, drei, Kartoffelbrei; Tf: Manfred Kindel, M: aus den USA, © Kindel.
S. 72 Ein Ochse namens Otto; T+R: Martin Geck; aus „Singt und spielt“, © Cornelsen Verlag, Berlin.
S. 74 Schickt mich die Mutter; Tf: Barbara Heuschober; aus „Pro Musica“, © Möseler Verlag, Wolfenbüttel.
S. 75 Nach der langen Nacht; T+M: Uli Führe; aus „Mobo Djudju“, © Fidula Verlag, Boppard.
S. 78 Ferien, Ferien; T+M: Wolfgang Spode; aus „Der Ohrwurm“, © Fidula Verlag, Boppard.
S. 80 Eine große Uhr; T+M: Marianne Steffen-Wittek; aus „Manchmal mögen wir es laut“, © Verlag Hubertus Nogatz, Essen.
S. 81 Wir sind Roboter aus Witten; T+R: Martin Geck; aus „Singt und spielt“, © Cornelsen Verlag, Berlin.

S. 82 Der Jahrmarkt hat begonnen; T: James Krüss, M: Alfred Divisch; aus „Der Kinder-Lieder-Leierkasten", © Zimmermann Musikverlag, Frankfurt/M.
S. 83 Rummelbummel; T+M: Thilde Lorenz; aus „Rummelbummel", © Fidula Verlag, Boppard.
S. 84 Tanz der wilden Pferde; T+M: Gerda Bächli; aus „Der Tausendfüßler", © Musikverlag zum Pelikan/Hug u. Co. Musikverlag, Zürich.
S. 84 Lauf mein Pferdchen; Tf: Anneliese Schmolke, M: aus Litauen; aus „Schulwerk für Spiel - Musik - Tanz 1", © Möseler Verlag, Wolfenbüttel.
S. 85 Komm, mein Pferdchen; Tf: Ortfried Pörsel, M: aus Slowenien; aus „Die Zugabe 3", © Fidula Verlag, Boppard.
S. 87 Der Jaguar lauert; T+R: Martin Geck; aus „Singt und spielt", © Cornelsen Verlag, Berlin.
S. 88 Der Herr, der schickt den Jockel aus; T: mündlich überliefert, M+S: Carl Orff/Gunild Keetmann; aus „Orff-Schulwerk, Musik für Kinder 3", © Schott Musik International, Mainz.
S. 90 Es führt über den Main; T+M: Felicitas Kukuck; aus „Das singende Jahr A", © Möseler Verlag, Wolfenbüttel.
S. 92 Wir werden immer größer; T: Volker Ludwig, M: Birger Heymann; aus „Das Grips-Liederbuch", © Ludwig/Heymann.
S. 93 La Ola; T+M: Uli Führe; aus „Mobo Djudju", © Fidula Verlag, Boppard.
S. 95 Großer König Tinizong; T+M: Gerda Bächli; aus „Der Tausendfüßler", © Musikverlag zum Pelikan/Hug u. Co. Musikverlag, Zürich.
S. 104 Bin ganz Ohr; T+M: Dorothée Kreusch-Jacob; aus „Lieder aus der Stille", © Patmos Verlag, Düsseldorf.
S. 105 Hör mal, wie die Regentropfen; T+M: Susanne Peter-Führe, © Herder Verlag, Freiburg.
S. 106 Schnee fällt leis; Tf: Heinrich Winterhoff, M: aus Ungarn; aus „Musik Praxis" 64, © Fidula Verlag, Boppard.
S. 107 Schlaf, mein Kindlein; Tf: Helmut Barbe, M: aus Russland; aus „Europäische Weihnachtslieder" Band 2, © Verlag Merseburger, Berlin.
S. 108 Sieben Schwalben; T: Ursula Wölfel, M: Heinz Lemmermann; aus „Die Sonnenblume", © Fidula Verlag, Boppard.
S. 108 Der Hahn läuft im Hühnerhof; T: Fredrik Vahle, M: mündlich überliefert; aus „Der Liederspatz", © Aktive Musik Verlagsgesellschaft, Dortmund.
S. 114 Ja, so ein Zimmer; T+M: Gerda Bächli; aus „Zirkus Zottelbär", © Pan Verlag, Zürich.
S. 116 Es war einmal ein Wasserhahn; T: Klaus W. Hoffmann, M: Klaus W. Hoffmann/Rudi Mika; aus „Wenn der Elefant in die Disco geht", © T: Ravensburger Buchverlag Otto Maier, Ravensburg, M: Aktive Musik Verlagsgesellschaft, Dortmund.
S. 118 Ich sitze auf dem Rücksitz; T+M: Marianne Steffen-Wittek, © Verlag Hubertus Nogatz, Essen.
S. 122 Wenn es zwölf geschlagen hat; T+M: Gerda Bächli; aus „Der Tausendfüßler", © Musikverlag zum Pelikan/Hug u. Co. Musikverlag, Zürich.
S. 123 Zwei kleine Wölfe; T+M: Verfasser unbekannt, Textfassung: Werner Rizzi; aus „Start Ups", © Fidula Verlag, Boppard.
S. 126 Autumn comes; dt.Tf: Hannes Kraft, M: aus England; aus „Ars musica I", © Möseler Verlag, Wolfenbüttel.
S. 127 Der Herbst ist da; T+M: Hans R. Franzke; aus „Die Zugabe" Band 1, © Fidula Verlag, Boppard.
S. 127 Bunt sind schon die Wälder; T: J.G. v. Salis-Seewis, Mf: Willi Gundlach; aus „Unser Liederbuch Schalmei", © Klett Grundschulverlag, Leipzig.
S. 128 Leer sind die Felder; Tf: Gerhard Bünemann; aus „Pro Musica", © Möseler Verlag, Wolfenbüttel.
S. 130 Durch die Straßen; T: Lieselotte Holzmeister, M: Richard Rudolf Klein; aus „Martins- und Laternenlieder", © Fidula Verlag, Boppard.
S. 130 Leuchte, leuchte, kleine Laterne; T+M: Rudolf Nykrin, © Schott Musik International, Mainz.
S. 132 Nebel, Nebel, weißer Hauch; T: A. Blume, M: Walter Pudelko; aus „Musikanten, die kommen", © Bärenreiter Verlag, Kassel.
S. 133 Nebel legt sich übers Land; T+M: Meinhard Ansohn, © Ansohn.
S. 134 Die alte Moorhexe; T: Margarete Jehn, M: Wolfgang Jehn; aus „Der blaue Fingerhut", © Worpsweder Musikwerkstatt, Worpswede.
S. 135 Eine alte Hexe; T+M: Ulrike Berger; aus „Murmel & Co.", © Bosse Verlag, Kassel.
S. 136 Dracula Rock 'n' Roll; T+M: Fredrik Vahle, © Aktive Musik Verlagsgesellschaft, Dortmund.
S. 139 In der Weihnachtsbäckerei; T+M: Rolf Zuckowski; aus „Singen macht Spaß", © Musik für dich Rolf Zuckowski, Hamburg.
S. 140 Goldnes Blatt vom Himmelsbaum; Tf: Margarete Jehn, Mf: Wolfgang Jehn; aus „Weihnachten ist überall", © Worpsweder Musikwerkstatt, Worpswede.
S. 141 Flog ein Vogel; Tf: Margarete Jehn, M: aus Bolivien; aus „Weihnachten ist überall", © Worpsweder Musikwerkstatt, Worpswede.
S. 143 Kommet ihr Hirten; M: Wilhelm Keller; aus „Ludi musici – Spiellieder", © Fidula Verlag, Boppard.
S. 145 Engel haben Himmelslieder; Tf: Lieselotte Holzmeister, M: aus Frankreich, © Fidula Verlag, Boppard.
S. 146 Es ist für uns eine Zeit angekommen; Tf der 3. Strophe: Paul Hermann, M: aus der Schweiz, © Voggenreiter Verlag, Bonn.
S. 148 Weihnachten lasst uns feiern; Tf: Klaus W. Hoffmann, M: aus Schweden; aus „Wie kommt die Maus in die Posaune", © Aktive Musik Verlagsgesellschaft, Dortmund.
S. 150 Fertig, fertig; T+M: Gerda Bächli; aus „Der Tausendfüßler", © Musikverlag zum Pelikan/Hug u. Co. Musikverlag, Zürich.
S. 152 Hambani kahle; dt. Tf: Heinz Lemmermann, M: aus Afrika (Zulu); aus „Die Zugabe" Band 3, © Fidula Verlag, Boppard.
S. 153 Nehmt Abschied, Brüder; Tf: Claus Ludwig Laue, M: aus Schottland; aus „Laute schlag an", © Georgs Verlag, Neuss.

Mikado
Unser Liederbuch für die Grundschule

von Bärbel Becker, Uli Führe, Josef Held, Irmgard Merkt, Herby Neumann und Marianne Steffen-Wittek

Zum Unterrichtswerk gehören:
Schülerbuch 1727
Lehrerband 17279
Doppel-CD mit Hörbeispielen 17277
1 CD mit Playbacks 17278

Trotz intensiver Recherchen konnten einige wenige Quellen nicht eindeutig geklärt werden. Sollte jemand eine Urheberschaft mit Rechtsanspruch nachweisen können, so ist der Ernst Klett Grundschulverlag bereit, eine angemessene Vereinbarung zu treffen.

Gedruckt auf Papier aus chlorfrei gebleichtem Zellstoff, säurefrei.

1. Auflage 1 5 4 3 2 | 2005 2004 2003 2002

Dieses Werk folgt der reformierten Rechtschreibung und Zeichensetzung.
Alle Drucke dieser Auflage können im Unterricht nebeneinander benutzt werden, sie sind untereinander unverändert.
Die letzte Zahl bezeichnet das Jahr dieses Druckes.

Internetadresse: http://www.klett-verlag.de

Redaktion: Karin Hedderich

Herstellung: Bernd Odenwald
Illustration und Umschlag: Imke Sönnichsen
Notengrafik und Satz: Master Kitchen, Ludwigsburg
Druck: Appl, Wemding
ISBN 3-12-172700-1